U0797038

走进广州好教育丛书·好学校系列

ZOUJIN GUANGZHOU HAOJIAOYU CONGSHU
HAOXUEXIAO XILIE

周洁　江赵梅　陈丽霞◇编著

向着太阳奔跑

华阳小学的生本教育之路

北京师范大学出版集团
BEIJING NORMAL UNIVERSITY PUBLISHING GROUP
北京师范大学出版社

图书在版编目(CIP)数据

向着太阳奔跑：华阳小学的生本教育之路/周洁，江赵梅，陈丽霞编著. —北京：北京师范大学出版社，2016.11（2019.6 重印）
（走进广州好教育丛书．好学校系列）
ISBN 978-7-303-20756-5

Ⅰ.①向… Ⅱ.①周… ②江… ③陈… Ⅲ.①小学教育—办学经验—广州市 Ⅳ.①G629.286.51

中国版本图书馆 CIP 数据核字(2016)第 120901 号

营销中心电话 010-58802181 58805532
北师大出版社高等教育分社网 http://gaojiao.bnup.com
电子信箱 gaojiao@bnupg.com

XIANGZHETAIYANGBENPAOHUAYANGXIAOXUEDE SHENGBENJIAOYUZHILU

出版发行：北京师范大学出版社 www.bnup.com
北京市海淀区新街口外大街 19 号
邮政编码：100875

印　　刷：北京虎彩文化传播有限公司
经　　销：全国新华书店
开　　本：787 mm×1092 mm 1/16
印　　张：14.75
字　　数：210 千字
版　　次：2016 年 11 月第 1 版
印　　次：2019 年 6 月第 2 次印刷
定　　价：36.00 元

策划编辑：路　娜　郭　翔　王佳媛　　责任编辑：齐　琳　李会静
美术编辑：焦　丽　　装帧设计：焦　丽
责任校对：陈　民　　责任印制：陈　涛

版权所有　侵权必究

反盗版、侵权举报电话：010-58800697
北京读者服务部电话：010-58808104
外埠邮购电话：010-58808083
本书如有印装质量问题，请与印制管理部联系调换。
印制管理部电话：010-58808284

丛书编委会

学术指导：顾明远

总 策 划：屈哨兵

总 主 编：吴颖民

编　　委：（按姓氏笔画排序）

丁邦友　王　红　朱华伟　肖建彬　吴　强

吴惟粤　吴颖民　姚继业　唐宏武　漆国生

执行主编：唐宏武　漆国生　丁邦友

好学校系列编委会

主　　编：漆国生　丁邦友

副 主 编：卢　捷　王　惠

编　　委：（按姓氏笔画排序）

王卫东　吴宏超　麻彦坤

总序／一

《国家中长期教育改革和发展规划纲要(2010—2020年)》提出:“办好每一所学校,教好每一个学生。”几年来,各地涌现出了一批好学校、好校长、好教师。总结和推广他们的经验,是推动我国教育改革和发展,提高教育质量,促进教育现代化的强大动力。广州市是我国改革开放的前沿,不仅有着深厚的文化积淀,而且在改革开放中敢为天下先,在教育领域积累了许多新经验。广州市教育局在《广州市教育事业发展第十二个五年规划》文件“办好让人民满意的教育”的要求下,决定组织编写“走进广州好教育丛书”,实在是适逢其时。这是对广州市多年来教育改革创新的一次总结,也是对广州市今后教育改革的一次推动。

根据编委会的设计方案,丛书拟从广州市1000多所中小学校、10多万名教师中选出10所“好学校”、10名“好校长”、10名“好教师”列入首批出版计划。他们有的是已有100多年建校历史,积淀了深厚文化内涵,至今仍然在不断创新中继续勃发着育人风采的老学校;有的是办学时间不长,但在全校教职工磨砺创业、共同耕耘下办出水平的新学校。他们有的是办学理念先进、充满活力、管理经验丰富的好校长;有的是师德高尚、业务精湛、热爱学生的好教师。总之,他们热爱教育事业、热爱每一个学生,创造了卓越的成绩,是好学校、好校长、好教师队伍中的典范。

当前，我国教育正处在由数量发展转向质量提高的转折点上。到2020年，我国要基本实现教育现代化。教育现代化的实质就是要培养现代化的人。教育要回到原点，立德树人，培养具有为国家、为人民服务的责任心，具有创新精神和实践能力，并且具有国际视野和国际交往能力的人才。教育大计，教师为本。我们的校长和教师要立足中国，放眼世界，转变教育观念，改变人才培养方式，促进教育现代化的进程。

我希望广州市在编写“走进广州好教育丛书”的过程中继续挖掘先进人物和新鲜经验，率先实现教育现代化。

2016 年 7 月

总序二

2014 年的教师节前夕，我写了一篇《广州教育赋》，后来这篇文章在《中国教育报》上刊登了。在这篇赋中我有这么几句话："大信不约，好校长何止十百；大爱无疆，好老师何止百千；大成不反，好学生何止千万；大道不违，好学校就在此间。"中心意思是说，广州好教育是由十百千万的好校长、好教师、好学生和好学校共同铸成的。正是有着他们的大信大爱和大成大道，广州作为国家重要中心城市之一，在教育，尤其是基础教育方面，才能卓有建树，我们也才有可能推出一套"走进广州好教育丛书"。

在这篇序言中我想表达三个朴实的想法。

第一个朴实的想法是，一座城市的教育发展单靠一两所名校，几位名师、名校长是支撑不起来的。能够为这座城市源源不绝地提供人才智力资源的应该是有那么一大群校长、一大批教师和一大拨学校。他们形成一个个各具怀抱的优秀群落，为这座城市辈代不绝地做着贡献，那我们就要为这一个个优秀群落树碑立传。对于广州这样有着将近 1500 所中小学的特大型城市而言，我们特别有理由这样做。正是有着他们的大信不约(《礼记·学记》)——真正的信义不需要盟约，他们才会在每一所学校不断坚守；正是有着他们的大爱无疆——博大的仁爱无边无际，他们才会为每一个学生殚精竭虑；正是有着他们的大道不违(原为"大道无违”，《晋书·嵇康传》)——不违背教育的使命与历史发展的规律，他们才会为每一个进步中的时代进行着生动的背书。有了他们，才会有一座城市的教育；有了他们，才会有一座城市的发展。有人要问，这套“走进广州好教育丛书”出齐会有多少册？老实说，我也不能确定。这第一批推出的30册只是一个开始，但我相信，只要这座城市在发展，属于这座城市的教育大赋就一定不会有画上句号的时候，它一定会以这样或那样的形式展现出来。

第二个朴实的想法是，对于基层教育工作者来说，我们真正需要掌握的教育规律和教育法宝就那么几条，如果我们钻进教育思潮的各种主义与模式的迷宫中不得而出，那就容易忘记教育最基本的追求。几年前，广州一个区的教育论坛请来了顾明远先生，顾先生在论坛上说：“没有爱就没有教育，没有兴趣就没有学习。”我们深以为然。教育理论当然有很多，都值得我们认真学习，其他不讲，仅“因材施教”和“有教无类”两条，在我们的教育实践中是否做到了？我相信，如果我们做到了，那我们就有可能进入好教师、好校长、好学校的序列。所以，在这套丛书中，我们特别看重的是重返教育现场，讲好教育故事，今往兼顾，名特相谐。丛书所列既有杏坛前辈，也有讲台新秀；既有百年老校，也有后起名品；各好其好，好好共生。早在100多年前，广州教育就已经在现代化进程中开风气之先。比如说鼎鼎有名的万木草堂，20世纪20年代开辟新学堂；再比如说最早在广州推行开来的六三学制。在当下的教育大格局中，广州教育自然也不能落后，要有广州的好教育。

第三个朴实的想法是，好教育需要有一个好的教育生态。习近平总书记说：“我们的人民热爱生活，期盼有更好的教育。”我们要努力办好让人民满意的教育，那这个教育上的“好”应该体现在哪些方面？除了上面提到的好学生、好教师、好校长、好学校之外，好的教育生态应该是一个必不可少的要素，这其中的一个重要标志就是能够形成尽可能多的教育共识。我们组织编写这套“走进广州好教育丛书”，一个目的就是通过展示我们的教育实践来推动形成更多的教育共识：原来在我们这座城市，在我们身边，就有这些好的教育，值得我们称赞，值得我们珍惜。我们的教育要全面上水平、走前列，这行进过程中积累起来的好教育基础就是我们不断奋力前行的保证。

最后，作为这套丛书的策划者，我要特别感谢北京师范大学出版社，我仍记得三年前，时任北京师范大学副校长的杨耕同志领着北京师范大学出版社的朋友们和我们讨论这套丛书编写出版规划时的热烈情景；另外，我要特别代表广州市教育局感谢顾明远先生为本套丛书作序；还要感谢总主编吴颖民先生以及华南师范大学、广东第二师范学院、广州大学的分册编委的专家团队，正是有他们的认真组织和每一位分册作者的孜孜以求，这套丛书才得以和各位读者见面。

2016 年 7 月

前 言

QIANYAN

听见“花开”的声音

周 洁

“木末芙蓉花，山中发红萼，涧户寂无人，纷纷开且落。”一朵花开，朵朵花开，在自然界中乃是寻常不过的景象。很少有人关注，为了一朵花开的美丽，为了朵朵花开的壮观，大地要做些什么？天空要做些什么？水要做些什么？很少有人了解，因为花开的愿望，花红的自性，花儿自己要做些什么？

自然界大化流行之间，大爱无形；自然界生生不息之时，花开有声：

对于华阳人来说，孩子们一张张甜蜜纯洁的笑脸如花，孩子们一声声稚嫩真挚的问候如花，孩子们一次次奔逐跃动的身影如花，孩子们一颗颗激荡进取的心灵如花，孩子们一滴滴甜蜜的汗水如花，孩子们一点点细微的进步如花，孩子们一份份收获的奖状如花……

听到花开的声音，看到花儿绽放的姿态，美得让人陶醉。

我们为什么可以听到这么美妙的声音？

首先，因为我们有爱，对孩子完全的爱。这是华阳教育的出发点，是我们的华阳情怀。

一位年轻的妈妈说：“孩子刚刚出生，满满的母爱爆棚，每天搂着孩子睡觉，结果孩子睡不好，我也得了腱鞘炎。”

一位年轻的教师说："因为爱孩子所以做教师，但学生十分顽皮，不守纪律，成绩落后，想说爱他真是不容易。"

是的，爱是人类与生俱来的本能，但宠溺的爱、占有的爱、专横的爱、有条件的爱很多，正确的爱、完全的爱、成功的爱却需要学习。

在一位特殊孩子的母亲写给华阳的感谢信中，有一段对孩子班主任叶延萍老师的谢词感人至深：

衷心地感谢您，叶老师！

作为孩子的班主任，您付出得太多太多！我们生了一个这样特殊的孩子，他让您操碎了心，可您从没向我们发过一句牢骚。您总是春风细雨般地安慰我们："孩子晚熟，但天生我材必有用！不要急，慢慢来！他是大器晚成！"记得有一次您打电话来说："今天中午，看着你儿子午睡的样子，好可爱，我对你儿子说：'我没有儿子，你做我儿子，好吗？'"当时的我，鼻子发酸，感动莫名。连我们家长都有点儿嫌弃的孩子，您却那么疼爱他……记得有一天，刚巧我从你们班级门前走过，突然听到教室里传来儿子磕磕巴巴的读书声，儿子终于当着全班同学的面将课文艰难地读完了。此时的我，站在门外，脸都羞红了。可是，您却大声地鼓励："亮亮(化名)虽然读得很慢，但他读得很认真，有进步，请大家给他最热烈的掌声！"顷刻，教室里掌声震天。教室外，我泪眼涟涟……

教育要培养完全的人，所以学校和教师要给孩子完全的爱。完全的爱要充分，也要科学；要感性，也要理性。华阳人坚持给孩子完全的爱，所以我们听到了"花开"的声音。

其次，因为我们以生为本，这是我们选择和坚持的方向。因为爱孩子，所以以孩子为本，华阳小学之所以坚定地选择生本教育理念，执着地推进生本教育实践，创造性地开展生本教育活动，其内在的原因只有一个字，那就是：爱。

我们以"充分相信学生，高度尊重学生"为基础，全面发展学生，我们的目标是把学生培养成热爱运动、阳光自信、文明有礼、乐学善思、享受阅读、实践创新、个性鲜明，也就是“拥有完整心灵的世界公民”。我们相信“心若自由，行必至远”，所以我们呵护孩子们的天性，让他们身心自由地成长。孩子们的生命被唤醒，意识被激活，潜能被激发……他们不断超越自我，让我们一次又一次听见“花开”的声音。

华阳生本教育的先行者和领航者、广东省特级教师何建芬老师这样说：

儿童是天生的学习者，天生对未知世界充满着好奇，天生具有探索新知的欲望和获取知识的能力。每一个儿童又是一个独特的个体，每一个个体都有自己独特的认知风格和学习方式。华阳小学在教学的过程中充分相信每一个学生天生具有学习的欲望，相信每一个学生都有自主学习的能力，尊重每一个学生的特点，通过富有极大精神推动力但却极其简约的“教”，使儿童在大部分学习生活中作为自己的主人去创造、学习、言说和思考，以领略大自然赋予他的充满精美和神奇的巨大可能性，进而不断地获得精神解放。

高度认同华阳生本教育的家长们也这样说：

重视教育改革和创新，提倡个性教育和多样化教育，推崇“独立之精神、自由之思想”，这是华阳小学最可贵的精神内核。教育最重要的不是分数，而是教孩子如何做人。不能因为世俗的盼望、执着、功利、竞争而抹去了孩子与生俱来的智慧、本真和灵性。用一段最贴切也是最喜欢的话来献给我们热爱的华阳小学：黑夜中，大家都在争夺火把，而你却看到了月亮，并指给众人看，告诉他们月亮在哪里。十多年过去了，华阳小学作为业内的领跑者，不就是这样不拘一格踏步前行的吗？

再次，我们在生本教育之路上不断创造、创新和创生，这是我们的华阳智慧。因为爱孩子的华阳情怀，我们选择以学生为本；因为以生为本的华阳路径，我们不断开发着华阳智慧。我们认为，生本教育不是一种固定的理念，也不是一套现成的模式，真正的以生为本不是机械的，不是重复的“程序”，而是生生不息的一个生成过程。

对于华阳的生本教育，家长们评价说：

华阳小学不尊崇一本万利的懒人教育模式，教师总是把机会同等地分配给每位同学。在华阳，不要担心你的孩子会输在起跑线上，华阳的理念是让所有的孩子赢在终点线上。所以，不管孩子学习差距有多大，华阳小学的教师们都会一视同仁，他们只相信孩子心智成熟有早有晚，也相信每个孩子都是一块金子，迟早都会发光。这份对孩子的尊重和负责，可能连我们当家长的也很难做到。

“高度尊重学生”，华阳小学摸索出了一条“自主管理，自主成长”的特色之路。管理的岗位，自由竞选；管理的基地，自行认领；自己的班级，自己做主。教师的天职由“纤夫”变成了“牧师”，由“饲养员”变成了“营养师”，因材施教，有的放矢。为了给孩子创造更多的锻炼机会，华阳小学的教师们总能独出心裁，想到出奇制胜的法子。华阳小学的社团组织非常多，而且这些社团绝大多数都是学生自己策划和组织的，这样的社团据不完全统计已经超过 80 个。

不断创造，不断生成，因为这样的华阳智慧，我们幸福地听见了“花开”的声音。

最后，不能不强调的是，我们全体华阳教师在爱学生、爱教育的道路上，在坚持生本教育、践行生本教育的道路上凝聚而成的包括开拓、奉献、实干、合作、自律等元素在内的华阳精神，它是我们越走越稳健、越走越高远、越走越开阔、越走越幸福的根本原因。

教师们说：

作为华阳教师团队的一分子，我感受到的是满满的幸福……

家长们说：

实行义务教育后，不比升学率，不比优秀率，教师原本可以“潇洒走一回”了。但是作为华阳小学的教师，那份责任心和爱心驱使他们时刻把孩子的成长放在他们工作和生活的第一位。在我们的眼中，教师就像机器一样，从来不休息，永远在工作。这是多么的难能可贵！

大爱的情怀、生本的路径、创造的智慧、逐日的精神，这就是华阳。爱是人性的基点，也是教育的起点；学生是教育的出发点，也是教育的目的地；智慧是创造的源泉，也是前进的动力；精神是力的显现，也是美的根基。

“华阳情怀＋华阳路径＋华阳智慧＋华阳精神”，这便是华阳发展的精髓之所在和个性之所在。因为这样的华阳，我们能够听见“花开”的声音、闻到“花开”的芬芳、享受“花开”的喜悦。

花儿渐次开放，花儿朵朵芬芳，就让我们一路走，一路听，一路走，一路闻……

如花绽放的华阳学子

目录

MULU

题记

TIJI

在华阳小学林和东校区教师会议室，悬挂着一幅名为《逐日》的主题画：一群意气风发的奔马，正奋起扬蹄，它们逐日追风，它们冲决而起，它们驰而不息。那淋漓笔墨中点染出的脉脉活力，那遒劲线骨中鼓胀着的勃勃生机，那酣畅气脉中流淌着的股股激情，触目凝神之间，拨动着每一个华阳人的心弦，也启迪着每一位来访者的心扉。

这幅由当代著名画家南仁刚应华阳小学家长委员会的请托而创作，在华阳小学建校二十周年之际赠送给学校的作品，在墨由心驰、神与物游之间，描画的正是华阳小学追求教育理想之光、追求人性自由之光的逐日精神和奋进姿态。

“我怀念上古的夸父，他追赶日影，渴死在旸谷。”这是巴金《日》中的名句，夸父这一中国上古神话中的人物身上所浓缩和凝聚的，正是追求光明、追求自由的人类精神。是的，不懈追逐日辉的不只是夸父，不只是奔马，还有华阳小学的谆谆师长、莘莘学子。所不同的是，夸父的逐日，是他个人的行为，最后因为干渴而倒在中途，极为孤独，也极为悲壮。而华阳的逐日，是一代代华阳人，在薪火相传中，相互依靠，相互策励，为了共同的梦想，追求光明和希望。逐日的漫漫长路上，华阳人不断汲取养料，不断强大自己，发扬蹈厉，执着前行——这是一种身心舒展、积极向上的姿态，也是一种勇于挑战、永不言败的精神。这种姿态、这种精神将引领华阳走向更开阔的远方、更高远的未来……

华阳之“华”，最初的意思便是光彩和日华，即出现在太阳或月亮周围的彩色光环；华阳之“阳”，最初的意思是明亮的太阳。“华阳”之名，原本就是光华煜煜的一轮暖阳。

作为传授知识，养成品德，启人求真、向善、尚美的一所学校，华阳小学办学二十余载，“弄潮儿向涛头立，手把红旗旗不湿”，靠的正是洋溢着活力与朝气、奔涌着理想与激情的逐日精神。

韶华相与共，逐日正当时。

年轻的华阳，背负国家民族的重托，承载社会家庭的瞩望，带着万千学子的祝福，向着太阳，奔跑吧！

著名画家南仁刚赠送给学校的作品《逐日》

第一章

华光：以生为本，大爱无形

在广州市天河北路，也就是广州新中轴线上的商务中心区，在一座座林立的高楼、一栋栋挺拔的大厦之间，有一处绿意葱茏、生机盎然的静谧之所，有一个书声琅琅、诗意弥漫的学习之场，有一座爱意充沛、笑声盈耳的成长之域。

她，就是创办于 1992 年 9 月的广州市天河区华阳小学。

“绿榕焕彩沐春风，生本华阳铸辉煌。”历经 24 年的春秋岁月，对于一所学校来说，还年轻；走过 24 年的风雨历程，对于一所学校来说，还稚嫩。但华阳却以她志在高远的教育理想、锐意创新的教育姿态、以生为本的教育理念、呵护生命的教育情怀、昂首阔步的教育实践、令人瞩目的教育业绩迅速崛起，脱颖而出，跻身广州基础教育名校行列。

24 年来，校园里那棵枝繁叶茂的大榕树，见证和亲历了华阳小学的探索、创新和发展之路。而以生为本的教育理念和教育实践，融大爱于无形，就像这棵绿色冠华的大榕树，枝繁叶茂，葱郁葳蕤，庇荫着芸芸学童；就像华阳的名字，光华煜煜，德泽绵绵，温暖和滋养着莘莘学子……

校园内葱茏的大榕树和七彩阳光娃

陪伴和见证华阳学子的成长

一、生本立校，薪火传承

20 世纪 80 年代以来，广州城市中心迅速东扩，在天河地区形成了新的城市中轴线。到 20 世纪 90 年代初期，广州市政府决定建设珠江新城，作为规划建设中的广州新城市中心。与此同时，学校等公共配套设施的建设提上议事日程。

1992 年 9 月，华阳小学诞生在广州市城市中心东移的浩荡鼓点声和城市开拓者东进的铿锵脚步声中。

在华阳小学 24 年的发展历程中，郭益秀、周玉娥、王建辉、周洁四任校长先后接棒，将华阳人的教育理想、教育情怀、教育追求和教育智慧薪火传承，并最终以生本教育为引领，为方向，走出了一条成功的育人之路和兴校之路。

(一)办一所学校有多难

华阳小学的首任校长是郭益秀。

俗话说："万事开头难。"但是，要办一所全新的学校到底有多难，这一问题非亲历者不能回答。只有像郭益秀校长这样亲身实践过、亲自体验过的人才真正了解其中的甘苦，才真正知道其中的艰辛。

新生的华阳小学位于城乡接合部，校园里杂草丛生，尘土飞扬，仅一栋简陋的教学楼，没有任何专用室……据最早到华阳小学工作的一批老教师回忆，学校设施简陋，设备不足，操场上的杂草说是齐腰深也毫不夸张，拔除之后又会长出，所以定期除草是当年学校师生的一项重要任务；学校若是要开展活动，往往要从校外借桌椅板凳；早期鼓号队的训练画面，总是和飞扬的尘土联系在一起……显然，新生的华阳与老牌名校相比有难以逾越的差距，即使与办学年代相仿的学校相比也没有任何优势，学校的建设和发展面临巨大的难题。

一切都是从零开始。首先是硬件建设，每一间教室，每一个场馆，每一台设备……郭校长咬紧牙关，克服种种困难，化解种种挑战，终于让学校的基础设施得到了保障；其次是队伍建设，每一位教师，每一个科组，每一个部门……郭校长从无到有，带出了一支积极向上、锐意进取的队伍；然后是学校办学思想和教育路径的探索，郭校长励精图治，开展了诸多有益的思考和有效的尝试。

是的，办一所新学校真的很难，但对于一个心中有大爱的校长来说，知难而进是不变的选择，迎难而上是唯一的方向。

挥洒过无数的汗水和泪水，留下了无数的行迹与心迹，经过 6 年的建设，华阳小学办学规范，管理有序，教师队伍蓬勃向上。与此同时，郭校长积极推进素质教育进程，为学校下一步走上生本教育之路夯实了基础。郭校长不畏险阻、创办新校的开拓精神，凝练成为宝贵的华阳精神的一部分，支持着学校不断向前发展。

首任校长郭益秀与华阳学子在一起

如今，郭益秀的名字不仅写在华阳小学年轻的校史中，还铭刻在诸多华阳学子的心坎上。华阳小学 20 周年校庆之际，98 届毕业生陈楠在写给母校的信中真诚地表达了对郭益秀校长和对母校的感念之情：

致母校

前几天在我们小学同学的QQ群里看到通知，说华阳小学要建一个纪念建校20周年的博物馆。看到消息，觉得有些惊讶，20年，有20年了吗?

认真想想，是啊！自己离开华阳都14年了，时间过得真快啊！

我没什么送给母校的，就送一本我自己写的书吧。这本书主要记述的是我十几年的求学经历。我是一名脑瘫残疾人，许多残疾朋友看了我的书，都说羡慕我这样年轻就出书了，他们更羡慕我在求学路上，能遇到那么多好老师。

是的，虽然求学的道路充满艰辛，但我深深地明白，能读到大学毕业，二十多岁就出书，是多么的幸运，而这幸运源于母校华阳小学给予我的人生起点。

也许一般人无法体会，一个残疾孩子要得到学习机会有多难。家里人去帮我找郭益秀校长的时候，并没抱多大希望，出乎意料的是，学校很快答应破格接收我，并且是正式生。因为我过去已经自学过小学一年级和二年级的课程，学校就把我安排在从北京师范大学特殊教育专业毕业的许凤英老师带的三年级(3)班。

那时，许老师常对我说，你要把自己当作一名普通学生，不要觉得自己有多特殊。今天回想起来，我后来能坚持读到大学毕业，这种正确的心态起了很大作用。老师和同学们的关心、帮助和鼓励伴我度过了在华阳的四年时光。在这里，我满足了求知的渴望，更感受到了与同学们一起学习和成长的快乐。我跟班里的老师和同学们一直联系着，不时聚会。有这样的老师和同学们相伴，纵然生活再艰辛、再坎坷，我也很满足。

时光荏苒，一晃十几年过去了，我是在踏入社会，尝到了社会上的人情冷暖之后，才真正明白自己的幸运。我很希望今天华阳的同学们能够珍惜自己的学习机会和与华阳的缘分，珍惜今天与老师和同学们的情谊，等你们将来离开了学校，进入了社会就会明白，一个好的起点对于人生是多么重要，而今天与老师和同学们结下的这份真挚的情谊是多么的珍贵。

小学毕业进入初中后，学习越来越忙，后来我又搬家了。虽然不能常回母校，但那里仍是我最留恋的地方，我留恋那些聆听老师谆谆教诲的日子，留恋与同学们嬉戏的日子，留恋在老师和同学们的帮助下，出外郊游的日子……一切都历历在目，如在昨日。

我衷心地感谢母校，感谢老师悉心的教导，真诚的帮助。

如今在母校即将迎来20华诞之际，作为您培养出的莘莘学子中的一员，请接受我最诚挚的祝福，祝您的事业蒸蒸日上，桃李满天下！愿您的苗圃里永远鲜花盛开、硕果累累！

华阳小学98届毕业生　陈楠

2012年5月30日

(二)走上生本之路

教育者的情怀，开拓者的精神，郭益秀校长把它们连同华阳小学校长的接力棒一起交给了第二任校长周玉娥。

1999年8月，周玉娥接任华阳小学校长，兼任党支部书记。

周玉娥1998年调入华阳小学工作时只是一名普通的教师，但热爱教育事业、勤于探索思考的她并不仅仅局限于普通教师的身份和教学工作的常规。对于华阳小学发展初期在各学科教学方面存在的问题，她经常和教师们一起探讨，从教学方法的改进，到教育发展的大计，都逐步形成了独到的思考与感悟。

任校长以后，周玉娥最常讲的一句话是：“教育就是奉献，教育欢迎创新，只要是为了孩子。”事实上，她也一直是这么做的。

1. 路在何方

一是基于教育基本问题的顶层设计和高位思考：教育到底是什么？学校应该干什么？教师应该怎样教？教育改革、学校发展、教师和学生成长，究竟路在何方？在众说纷纭的各种理念和纷至沓来的各种模式中，如何寻找到有效的路径？

二是基于华阳小学自身的发展定位和路径选择：经过数年的建设，华阳小学所处地段日趋优越，师资和生源也日渐优质，学校应如何建设，如何发展，才能彰显出优质资源日益集聚的特殊优势？如何营造出一种独一无二的华阳教育氛围？如何探索出一条华阳自己的品牌发展之路？

三是对于华阳发展现状和存在问题的分析：华阳发展初期，各学科的教学目标以传授知识为主，应试教育痕迹明显；教学模式以"篇"或"课"为单位，容量小，功能单一；以教师讲授为主的传统课堂使学生处在被动的客体地位，沦为学习的配角，学生主动求知的欲望难以被点燃，自主探究与自主学习的能力受到极大的限制，这严重地束缚了学生思维能力的发展与个性的张扬。以知识为本，以"师"为本，以"教"为本，学生为学而困，教师为教而愁，家长为孩子厌学而烦——这既是长期以来中国教育存在的普遍问题，也是十多年前的华阳小学亟待解决的关键问题。

综合以上种种，周玉娥校长认为，从办成一所学校到办好一所学校，还有很长的路要走。学校必须从课堂这一重要的育人场所着手进行改革，以点带面，走上品牌发展之路。

探索与改革迫在眉睫，探索与改革路在何方？

2. 晨光熹微

1999年9月，学校针对家长做了一次关于孩子发展预期的问卷调查，结果显示，家长们最希望孩子在学校里拥有健康的人生、健全的人格和快乐的童年。这一调查结果深深地影响了周玉娥校长的教育路径选择，甚至深深地影响了她的教育观。

随后不久，周玉娥校长接触到了原广东省教育科学研究所所长郭思乐教授关于生本教育的朗朗高谈："没有人能够知道春风的颜色，只有当它吹拂过山川和田野；没有人能够知道教育的发生，只有当它让学习者的心灵扬起风帆；没有人能够知道孩子们的灵慧，只有当他们自由地思考和实践。”这些话深深地触动了周玉娥校长的心弦，引发了她的思考，她意识到办学应该营造一种教育的氛围，尽管并不明晰，但她认为，朝着生本教育的方向，学校一定会走出一条光明之路。

此后不久，学校行政班子陆续组织召开多场次不同角度的深度研讨，邀请专家、教师、家长和学生参与。一个秋高气爽的下午，“怎样才能让教学更有效?”“如何进行合作探究?”“怎样挖掘学生的内在需求?”……一系列问题在华阳小学天河东校区简陋的会议室里争论着。教师们睿智、热烈的发言，思维碰撞的火花，让在场的所有人都感受到一种从未有过的震撼。“学生就像一棵树，成绩只是暴露在地表外的枝叶，思维模式才是深埋地下的树之根本。”

大家从来没有如此清晰地认识到，每个学生都是与众不同的，每个学生都携带着自己的天性而来，每个学生都应该有个性张扬的舞台，每个学生也都是可塑的。在华阳小学急需一种新的课堂教学模式来改进教师的“教”，来激发学生学习方式的转变，从而促进学校关键时期的发展。郭思乐教授1999年创立的“生本教育”的教育思想和教学方式得到了大家的一致认同。因为它是真正以学生为本、以生命为本、以学为本的教育，它的出发点是以学生为学习的主人，一切均为学生“好学”而不是教师“好教”而设计。

以郭教授的“一切为了学生，高度尊重学生，全面依靠学生”为基础，华阳人提炼发展出“充分相信学生，高度尊重学生，全面发展学生”的华阳教育观。

晨光已然熹微，华阳人开始风雨兼程。

3. 风雨兼程

如同大部分新的理念被提出一样，“生本”理念付诸行动之初，面临着来自四面八方的质疑。质疑这种模式的有效性，质疑大量阅读的意义，质疑以生为本的育人效果……面对种种质疑甚至责难，周玉娥校长毅然决然举起教改科研的旗帜，学校自1999年率先参与了郭思乐教授主持的国家教育部“十五”重点课题“生本教育观念和实践模式在课堂教学中的运用研究”，开启了对生本教学的有效研究。

与课题研究同步，学校把1999年9月至2002年8月这段时间作为生本教学的实验起步阶段，从语文一个教学班入手，成立教科研领导小组、以生为本教学研究小组、软件开发组，聘请顾问，制订实验方案，正式开始了实践与探索生本教育。

1999年9月，第一个“生本班”诞生了，年轻漂亮的骨干教师何建芬担任班主任。她在质疑声中和聚焦灯下挑起了华阳生本的重担，迈出了华阳生本的第一步。在何建芬老师的语文课上，学生经常就同一主题下的文章进行自读自悟，然后在四人小组里交流汇报。这种交流往往演变为精彩的辩论，在交流的过程中思维碰撞的火花使学生们乐在其中，有的学生为了能在下节课让自己的观点得到更多人的支持，一下课就跑去图书馆查资料，班上读书氛围浓厚。

但是，一段时间下来，“生本班”并未取得预期的成绩。面对一些家长的困惑和担忧，教师们一方面耐心解答，真诚沟通；另一方面更加努力地投身于生本教育的实践之中，每天披星戴月，身体力行，扎根班级，了解学生们的需求，解决探索过程遇到的难题。

前路漫漫，但既然选择了远方，那就风雨兼程。

4. 初见成效

因为有教科研的支撑，不管起步有多么困难，华阳人总是对生本满怀信心。果然，一个学期下来，“生本班”的学生变得大不一样了！他们见多识广，能思善辩，思维活跃，主动性和积极性强，学习状况和精神面貌都焕然一新。

学生进步了，家长也认同了，一位家长在给教师的信中这样写道：

进入“生本班”后，一种宽松、活泼的课堂模式让我们惊喜。自由快乐的学习氛围，让女儿仿佛进入了一个新奇的世界：课堂上，教师设计了一个又一个生动有趣的识字游戏、数卡活动，还提供了一次又一次的机会，让他们自由地交流讨论、上台展示；在游戏和活动中，原本深奥抽象的生字、加减法，竟然变得如此简单。女儿的学习兴趣马上就提高了。她不厌其烦地认着卡片上的生字，还经常拉着我们说：“爸爸妈妈，陪我一起玩卡片吧。”

显然，生本教学开放的教学模式提升了学生的兴趣，挖掘了学生的潜力，培养了学生的勇气，张扬了学生的个性，激发了学生的信心，让他们养成了自主学习的强烈意识与良好习惯，为他们奠定了可持续发展的学习能力。

想给孩子一片绿叶，却收获了整个春天。“生本教学”初见成效，华阳小学也逐步呈现出一道独特的“生本化学习”风景线：学生学习兴趣浓厚、习惯良好、思维开放、潜能舒展、优势竞显……

5. 昂首阔步

一花独放不是春，百花齐放春满园。这是周玉娥校长的理解，也是华阳团队的共识。学校成为第一批“全国生本教育实验基地”学校。全校所有班级、所有学科都积极参与到生本教育中来。

五年的生本实验之后，年轻的华阳获得了飞速的发展，不但创造了许多教学的奇迹，而且在学校特色创建、管理层次、科研水平方面也得到大幅度提高。然而，生本并没有想象中那么简单，方式的重复易使人产生疲倦，教学过程也并非处处一帆风顺，学校改革的深入还不时引起方方面面的议论。在困难面前，周玉娥校长总是告诉教师们：“要使更多的学生形成适合生本教育课堂教学的习惯需要漫长的时间，更需要教师大量的心血投注，因而，做生本教育更加需要精力、毅力和对信念的持守。”这是一条道路，更是一种信念，以此为指引，全体华阳教师不断反思和总结。比如，前置性作业如何体现“根本、简单和开放”？小组合作怎样做到有效？怎样才能让学生保持展示的激情？“小立课程，大做功夫”如何具体操作？生本管理有多少注意事项？等等。任何一个细节都是教师们细致研讨的课题，任何一项困难都没有成为华阳教师行进路上的绊脚石。

与此同时，周玉娥校长和教师们不断对家长和有关部门进行耐心细致地解释，经常上各种公开课，开成果展示汇报会，让大家加深对生本教育的了解。此外，学校通过华阳小学网站，定期发布生本实验推进情况，保持与家长、学生之间良性的互动交流，使生本教育得到了广泛的理解与支持。

从狠抓教师队伍的建设、观念的转变，请专家具体指导和跟踪生本教育的进度，及时解决教师们在教学过程中碰到的问题与困难，确保教师们始终能够在任何艰难和挫折的情况下，都能坚定不移地把生本教育进行下去；到坚决、彻底地实施生本教育"小立课程，大做功夫"的课程观，全面采用生本教育研究课题组编写、人民教育出版社出版的生本教育实验教材；再到坚持改革"频考"方式，实施"以学养考"的办法，把评价改为评研，让学生轻松愉快地进行合作检测，互评互议，共勉共励，释疑解难，把评价的主动权还给学生，无不彰显着华阳人在这场艰难而没有退路的生本改革行动中坚韧不拔的可贵精神。

华阳小学在生本教育这条"先行路"上越走越远。

6. 硕果累累

教师还是原来的教师，教室还是原来的教室，校园还是原来的校园，因为融入了生本教育的理念，却有了新的气象：沉睡的学生醒了，困惑的教师欢了，沉闷的课堂活了，郁闷的家长乐了。

随着生本的不断深入，学生作品入选生本教材；中央电视台走进华阳小学，通过卫星直播生本课堂；《人民教育》等媒体报道超过 300 次，接待海内外同行来校交流 3 万多人次。华阳开始声名鹊起，光华远播。

带领华阳选择和行走在生本之路上的周玉娥校长也在实验的过程中获得了丰硕的回报：11 篇相关教学论文在全国、省、市级教育刊物上发表；"生本教育观念和实践模式在课堂教学中的运用研究"课题被批准为广州市"十五"规划课题；"以学生发展为本，坚持科研兴校"荣获广东省教育管理科学"吴汉良奖"一等奖；"走生本兴校之路"荣获广东省教科所阶段性优秀成果特等奖；“生本教育理论在课堂教学中的应用研究”课题获广州市第五届教学成果二等奖……她不仅在教师心目中享有很高的威信，在教育界也享有盛誉，先后被推选为中国教育学会会员、中国西部地区教育顾问、中国人才研究会教育人才专业委员会委员、广东省生本教育研究会会长、广东省百千万人才工程省级培养对象导师等。

“望晨光之熹微”“木欣欣以向荣”“泉涓涓而始流”——这是郭思乐教授对华阳生本教育的总结，周玉娥校长以及她所带领的华阳团队成员们正是以这种恬静、欢欣和平常的心情，本着对学生、对华阳、对教育深深的爱，让华阳走上一个个更高的台阶。周玉娥校长任职 9 年多，借助生本教育这一平台，华阳小学无论是校容、校貌，还是教育教学质量都实现了跨越式发展，有了质的飞跃——由一所普通学校晋升为区一级、市一级、省一级学校，实现了学校办学水平的“三级跳”。这位将个人利益置之度外，高素质、高境界，深受教师拥戴、学生喜爱、家长仰慕和社会赞誉的优秀教育工作者，至今仍然是华阳人口中亲切称呼着的“大周校”，在华阳校史、华阳纪念册和华阳人的心上，“大周校”作为华阳生本教育之路的创始人，始终是浓墨重彩的一笔。

第二任校长周玉娥与华阳学子在一起

(三)让生命如花绽放

2009年9月，王建辉(现任广州市天河区教育局副局长)接过周玉娥校长的接力棒。

王建辉校长和周玉娥校长一样，内心充满着对教育事业、对教学生涯、对莘莘学子的热爱，她牢记着陶行知先生于1928年在纪念晓庄试验乡村师范建校一周年的演说中那一声真诚的疾呼："最要紧的是要问我们肯不肯把整个的心献给儿童。……不要你的金，不要你的银，只要你的心。"

是的，爱孩子是人类的本能，做父母的，本能地爱着自己的孩子；做长者的，本能地爱着人类的未来；而作为教育者，不仅要本能地"把整个的心献给儿童"，而且要智慧地、科学地给孩子完全的爱。在王建辉校长看来，教育是人类的一种智慧、一种力量，教育是心灵的闪光，是生命的唤醒，是爱。

"把整个的心献给儿童，给孩子完全的爱，从而让生命如花绽放"，这是王建辉校长的教育思想和办学理念。正因为如此，王建辉校长笃信不疑地继续推行生本教育，在教师们的支持下，她采取了一系列措施以进一步减轻学生的学业负担，还设计了很多活动以进一步激活学生的生命力。

"绿色作业通道"和"无作业日"就是王建辉校长采取的切切实实的减负举措。"绿色作业通道"的具体做法是：如果到了晚上9点，学生还未完成作业，只要向家长说明理由并由家长签字，就可以去睡觉。"无作业日"则是对集体的一种奖励，如果全班同学一周表现都很好，如拿到了流动红旗，或者作业完成得都不错，教师可选定一天不布置任何作业。

谈到校园活动，更是不胜枚举，如"海选'三道杠'""借毕业生回忆获教育启发""校园'小鬼来当家'""竞争上岗的自主实践基地""各式社团活动"……

因为爱，王建辉校长处处站在学生的角度来思考和决策。有段时间，新校区体育器材室的窗户经常被弄坏，打扫卫生的阿姨偶尔还会从隐蔽的草丛里扫出一两个篮球。“肯定是学生想打球，偷偷掰窗拿球，然后又把球藏起来。”正当教师们纷纷议论着如何进行惩罚时，王建辉校长反问了一句：“学生想打球难道有错吗？”学生所谓的“违纪”行为，让她意识到学校在管理上没有满足学生的正当需求。“为什么不把体育器材室的门打开，让学生们可以打球呢？”王校长的决定得到了学生们的拥护。随后，那些爱打球的学生，自发组成了“体育室管理小分队”。他们轮流值日，制定了借球和还球的制度。此后，体育器材室的窗户再也没被损坏过，球也不再丢失，操场上多了许多生龙活虎的小球员。

“农夫社团”想要在学校开辟一块农田种菜，“美食社团”需要场所切磋美食的做法……尽管校园的空间有限，但王建辉校长都毫不犹豫地给予支持：规划校园一角，给学生们开垦菜地；安排专用室，让学生们大搞烹饪活动。

因为爱，王建辉校长进一步发展生本，学校确定以“以生为本，张扬学生个性”为培养目标，始终坚持还课堂以真实，还学生以自然，还师生以平等，力争使生本教育在广度与深度上取得新的突破，并最终用教育建模理论把生本课堂推向了新的高度——以语文、数学、英语三科为领头羊，进行“以学定教单元整体教学”课堂教学模式的研究。三个学科组的教师毅然接受任务，对课堂教学进行整体性和系统性的统筹安排，实现教学内容、教学时空以及教学方法的全面开放，在不增加学生负担的前提下，使其知识和能力得到最优增长，为后续学习和终身学习奠定了扎实基础。

以语文课为例，学校大力提倡“语文大阅读法”，并将之贯穿于以学定教单元整体教学中所有课型、所有年段的始终。导读课中推荐阅读书目，精读课中旁征博引，课外阅读课中百家争鸣，习作课中引经据典……低年段的爱读会呈现语文课堂学习的生机盎然；中年段深入进行阅读理解，确保学习分享“百花齐放”；高年段进行读写感悟，更倡导思想的个性化。

“语文大阅读法”得到了华阳家长们的高度认同，他们纷纷发表见解，说：

为什么我们多次被“熊孩子”的充分论据“憋”得说不上话来，这是因为在诸多的好习惯当中，大量阅读，主动阅读，是华阳小学教学的一大特色。在华阳小学读书的孩子，除了阅读量非常大之外，课外拓展内容非常多，基本每个单元教师都会按照课本内容要求孩子提前查找很多与课本内容相关的资料，加深对课文知识的理解，扩大孩子的知识面。我们有时候和孩子开玩笑说，你们小学没有毕业就完成了我们大半辈子的阅读量。而华阳对阅读的高度重视应该从很早就开始了，不得不为他们的教学理念和前瞻性所折服。

——赵安欣爸爸

华阳引导孩子热爱阅读的方法非常多样化，让我印象最深刻的无疑是低年段期末评研卷上的一道题：“阅读丰富视野，本学期你都看过哪些书？请在看过的书名后打钩。”题目下方列举了本学期的建议阅读书目内的几本书名。从成人的角度来说，这完全就是送分题，这根本没有考任何知识点。但是从教育的角度来讲，这又是多么难能可贵的引导阅读的方式啊！

——胡杨妈妈

“让孩子选择适合自己的方法去学习，按照自己的方式去表达。”王建辉校长说。以生为本，凸显文本观的导读课；以情为线，长文精练的精读课；以悟为纲，开放自由的略读课；以学为主，自主高效的单元知识整理课；以练为辅，扎实新颖的主题习作课……不同的课型，不同的学生，产生了各自的效应，形成了各自的风格，收获了不同的反响。王建辉校长的办学实践和教育实践，是对生本理念的推进和提升，使华阳小学的生本教育再一次实现跨越式的新发展。

这是一种美好的情怀，这是一种完全的爱。在新的发展阶段，华阳小学给予学生这样一份最珍贵的礼物，让童年绚烂多彩，让生命如花绽放，华阳小学也因此不断呈现出新的景观、新的风采。

第三任校长王建辉和华阳学子在一起

(四)向着太阳奔跑

太阳是金红色的圆体，是发光的圆体，是在扩大的圆体

惠特曼从太阳得到启示，用海洋一样开阔的胸襟，写出海洋一样开阔的诗篇

凡谷从太阳得到启示，用燃烧的笔，蘸着燃烧的颜色，画着农夫、耕犁、大地，画着向日葵

邓肯从太阳得到启示，用崇高的姿态，披示给我们以自然的旋律

……

是的，太阳是美的，且是永生的

这是著名诗人艾青《向太阳》一诗中对太阳的颂词，也是华阳小学新一任校长周洁对太阳的理解，对华阳小学发展的定位。周洁校长原本就是华阳小学的一分子，作为当时分管教学的副校长，从 1999 年开始，她在华阳小学就参与了全国教育科学“十五”规划教育部重点课题“生本教育观念和实践模式”的研究，身体力行地实践生本教育“先做后学，先会后学，先学后教，少教多学，不教而教”的教学方法，在不断实践、不断探索的过程中，她亲身体验了生本教育的成功，也充分认同生本教育的科学性和生命力。

2012年，在调任其他学校担任校长职务6年之后，周洁校长回到华阳小学，接过了王建辉校长传递的接力棒。站在新的起点上，经过了多年历练的她义无反顾地选择再次出发。在传承华阳小学“充分相信学生，高度尊重学生，全面发展学生”的生本办学理念的基础上，她和班子成员同心协力，从文化强校和特色办学的战略高度，充分利用广州市教育局开展义务教育阶段特色学校认定工作的机遇，进一步深化生本理念，建构了以校训“心自由，行至远”为核心的办学特色体系以及以“完整心灵，自立远行”为目标的学校课程体系。

活力充沛的华阳行政班子

如今，走进华阳小学的每个角落，处处都能感受到和谐、灵动、高效的教育之美。一年级新生入学必经的“七彩生本”彩虹桥，开学典礼上校长们亲自出演的“喜羊羊”“美羊羊”“暖羊羊”，校园内那象征热爱运动、阳光自信、文明有礼、好学善思、享受阅读、实践创新、个性鲜明的“七彩太阳娃”以及学校自立的“七彩生本特色课程”体系，无不着力于彰显“完整心灵，自立远行”的生本课程新理念。看到孩子们兴奋的表情和脸上洋溢的笑容，家长们总是不忘“咔嚓”“咔嚓”地用相机拍个不停，他们希望用照片记录下孩子们踏入人生学习阶段的每一个幸福时刻。

黄之婳在她《开学第一天》的作文中详细记录了她的种种新鲜的观感和美好的体验：

今天真是一个盛大的日子，华阳小学校门口装饰一新，特别美。粉红和粉紫色气球做成了一扇大大的拱门，上面还贴着大字“欢迎新同学”。我看着心里美滋滋的。刚进校门，“七彩太阳娃”就在向我打招呼：“欢迎你来到华阳小学，在这里你会度过充实而有意义的六年。希望你成为一名阳光、健康、勤学、善思的小学生!”我看到每个人脸上都洋溢着的幸福和快乐，想到马上就要见到的老师和同学们，心里既激动又兴奋。

站在门口迎接我们的，除了“七彩太阳娃”，还有三只憨态可掬的“羊”，它们正热情地向每一个进来的学生打招呼呢，真有趣。

盛大又热闹的开学典礼开始了，随着音乐响起，我们昂首挺胸，精神抖擞地进行新生入场仪式。之后的节目丰富多彩，唱歌、跳舞、乐团表演，哥哥姐姐们都能歌善舞，我也开始幻想起自己有机会上台的一幕。节目的最后，在校门口迎接我们的三只“小羊”蹦蹦跳跳走上了舞台，它们吸引着我们的目光。

它们掀开了帽子，我大吃一惊，啊！原来她们是我们华阳小学的三位校长，她们真可爱！

周洁校长、陈丽霞副校长、江赵梅副校长——三位校长化身三只“小羊”，迎接孩子们。从此，在孩子们心目中，校长是可爱的，学校是可爱的，这是多么美妙的校园生活，多么自由的成长乐园。

不仅如此，走进华阳小学的每一间教室都能发现，所有班级的布置都独具匠心，教室内外的墙壁都个性十足。每个教室内数量不等的图书角更是吸引着每一个孩子在课余时间驻足停留。为了让孩子们自由自在地成长，华阳创造了一个真正属于孩子的校园。

周洁校长认为：人类的进步在于走向自由，走向身与心的自由，教育的意义在于帮助人类走向这种自由。教育一旦唤醒孩子成长的需要，促使他们树立自主成长的目标，摈弃成长的束缚，孩子就能不断地进步，不断地超越自我。

与此同时，教育有其自身的规律，就像农业生产有其四季更迭的自然规律一样。学校应该成为学生自由成长的乐土，成为学生未来幸福的根基。希望每一个学生都是生态花园里的一颗幸福种子，在沃土中幸福成长。

诗人约翰·彼德·海贝尔说：“我们是植物，不管我们愿意承认与否，必须连根从大地中成长起来，为的是能在天穹中开花结果。”如果说“天穹”对于诗人而言意味着高空的自由空气和精神的敞开领域，那么，对于华阳而言，“天穹”便是引领华阳人自由奔跑、放声歌唱和不懈追求的那一轮太阳。

“心自由，行至远”，如今的华阳师生，在逐日远行的路上放声歌唱，他们身心自由，潜能迸发，生命之花自然绽放，在共生自立中有理想，敢担当，乐追求，在生本教育的康庄大道上不断创造辉煌，书写华章。

现任校长周洁与华阳学子在一起

人们常说，一个好校长，就是一所好学校。从郭益秀校长，到周玉娥校长，从王建辉校长，再到周洁校长，四任好校长，接连跑过了一条精彩的道路，演绎了无数动人的故事，充分展示了个人的风采，也带出了一个优秀的团队，办出了一所卓越的学校。

苏霍姆林斯基说：“校长的思想，才是学校的灵魂。”是的，有思想，是华阳小学四任校长的共同特点，也是华阳小学为什么选择生本路径的原因所在。

但是，为什么生本的种子一旦在华阳落地，便能迸发出无与伦比的磅礴力量，便能拔节生长，开出绚烂的花，结出甜美的果，便能指向天穹，伸向太阳，焕发熠熠光彩？为什么从生本华阳到华阳生本，华阳能走上一条生本教育的康庄大道，走出风采，走成品牌？要想回答这个问题，除了校长的思想之外，包含校长在内的全体华阳教师的情怀和智慧以及由以上种种凝结而成的华阳精神是答案的关键。

二、生本导航，梯队成长

华阳小学在生本教育的路上已经走了 17 年。当华阳小学坚定地选择并走上生本教育之路后，学校的一切工作就都是以生本为中心，围绕生本的有效推进而展开，并由此与生本相互融合，学校成为生本教育场，学校工作成为生本一体化工程，教师队伍建设工作也不例外。

如果说校长是教书育人工作的统筹者，是学校教育理念的设计者，那么，毫无疑问，教师是教书育人工作的实施者，是学校教育理念的践行者。短短 17 年间，因为生本教育理念极大地激发了华阳教师的爱心与责任心、积极性与创造性，因为学校对团队建设工作的重视和投入，华阳教师迅速崛起，华阳小学也被誉为“校长和名教师的摇篮”。

从教师结构来看，华阳小学拥有一支极为优质的教师队伍。现有的 138 名教师中，31 人具有研究生学历，106 人具有本科学历，教师平均年龄 35 岁。从教师成长来看，到目前为止，华阳小学已为天河区培养了超过 20 位校级干部以及多位名师。华阳小学有 2 位广东省特级教师，4 位省级工作室主持人，2 位教师获“广东省语文教师素养大赛一等奖”，15 位省市骨干教师及培养对象，3 位“首届广州市小学十佳教师”，3 位“广州市基础教育市级骨干教师”，2 位市级名班主任培养对象，2 位南粤优秀教师，32 位广州市优秀教师，26 位广州市优秀班主任，19 位天河区优秀教师，16 位区优秀班主任，8 位区教育风云人物；3 位教师获天河区“首批基础教育系统名教师”称号，4 位教师获天河区“教坛新秀”称号，7 位教师获“天河区骨干教师称号”……真可谓兵强马壮，艺高人精。

(一)飞翔的雁阵

强国必先强教，强教必先强师，这是毋庸置疑的共识。华阳小学的教师队伍建设工作和生本教育理论研究、实践探索工作同步推进，融为一体。在践行生本教育之路的过程中，华阳教师们像向着太阳奔跑的一匹匹骏马，又像凌空飞行的一只只大雁，飞在前头的是领航者，中间展翅的是翱翔者，随飞在后的还有试飞者，华阳教师就这样成梯队、有序列地成长起来。

1. 领航者

何建芬老师是华阳第一个生本实验班的班主任，是华阳生本研究室的主持人，是华阳生本教育的先行者。在践行生本教育的道路上，她付出了智慧和汗水，也获得了丰硕的回报：一方面，她得到了成长，取得了成绩，获得了荣誉，如今的她，是中小学高级教师，广东省特级教师、广东省南粤教师、羊城"崇教厚德之星"、广州市"三八"红旗手、广州市优秀中小学班主任、全国优秀辅导教师等，广东省首批中小学教师工作室主持人、天河区特级教师工作室主持人等一系列身份都给予了她，全国教育科学规划教育部"十一五"重点课题优秀成果特等奖、广州市中小学语文教学优秀成果评比一等奖等一系列成绩也都授予了她；另一方面，她充实了生活、实现了理想，幸福了人生。对于教育，何建芬老师的理想是：与孩子相伴，与责任同行。三尺讲台育桃李，两寸粉笔写人生。一首她自己创作的小词《成长印记》真实记录了何建芬老师的工作状态和心路历程：

春夏秋冬耕耘，全心全意投入，
探索研究感悟，亦欢亦泪亦苦。
无怨无悔如故，追寻生本脚步，
凭窗远眺天涯路，望见星光无数。

提到生本教育，何建芬老师总是有说不完的故事和感想：

华阳这一生本教育的绿洲，是我磨砺翅膀的摇篮，是我教育教学观念形成的沃土。在教育教学生涯成长的二十多个年头里，我有幸得到了各级领导的栽培，目睹了华阳小学市一级学校评估、省特级档案管理、省一级学校评估等极具历史性记载的发展历程。我充分地体验着华阳激情燃烧的校园岁月，它是锻造我教育教学技艺的天堂。

华阳小学做生本十多年，送走了十多批生本班的孩子，最大的现在已经在读大学。这些孩子中考有三分之二以700分以上的成绩进入高中，读着大学时还常跟我们联系，讲起小学生本课堂的美好回忆。历届生本班的学生，走出去以后反馈回来的信息是：学生发展得全面，鲜活，整体水平较高。这与华阳小学十几年来，排除各方面的干扰，坚持以全面发展学生为宗旨的信念是分不开的。

多年来，我们面对各种质量监控，各项检测和抽查，有过压力，有过困扰，但是，我们仍然尊重自然，无为而为，以学定教，坚定着素质教育背景下减负的信心，将缚在孩子身上的绳索解开，打开其心扉，还其蓝天与白云，让其呼吸新鲜空气。于是，我们把学习的主动权交还给孩子。从而，唤醒孩子的自觉意识，完成作为教育者最重要的工作——让孩子“获得了主动发展的永不枯竭的动力与热情”。教师在惊叹学生生命力量，享受学生生命精彩的同时，也感受到了做教师的幸福与价值，其自身的内在活力得到了激发，教师表现出空前的教育热情和自我成长、自我发展的动力，生本课堂实现了教学相长，师生共赢。

我们将一如既往，踏着坚定的步伐，沐浴着生本理念的阳光雨露，不断前行！

特级教师何建芬参与学生的小组学习

2. 翱翔者梯队

在生本教师的行列中，还翱翔着许多矫健的身影。南粤优秀教师、广州市优秀班主任、华阳生本研究室语文科组长梁小君老师的教育追求是：让课堂成为孩子们健康成长的芳草园。多年来，她尊重学生，乐于奉献，在学习、教学、教研上积极进取，是一名具有现代意识的“专业发展型”教师。说到生本教育，第一次公开课是她成长路上难以忘怀的重要一课：

第一次生本公开课

梁小君

2007 年 3 月 30 日上午第三节课，是我在华阳小学第一次上生本公开课——大器之材。现场 400 多位来自全国各地的专家、校长、骨干教师观摩了这节课。下课铃声一响，如释重负的我刚走出阶梯课室，周玉娥校长就紧跟上来，笑着说：“小梁，课上得很不错，比我想象中还要好。”周校长的话音未落，我那不听话的眼泪已经模糊了双眼……感激、兴奋，多种情绪一起迸发。

“不经历风雨怎么见彩虹！”备战“大器之材”这一课对于刚在华阳遇见生本的我来说并非易事。课前，我挑灯研读了无数比尔·盖茨的相关书籍和资料，先后修改了四次教学设计，在其他班级试教了两次，周校长和何建芬老师亲自指导，不厌其烦地听试教课，一次次提出修改的建议，和我一起找生本的感觉。

课上，因为有了厚实的积累，学生个个都积极参与学习活动，自信地展示自己的学习成果。全班交流时引经据典，妙语连珠，博得听课教师的阵阵掌声。学生高涨的学习热情和精彩的表现，感动着我，也点燃了我的教学热情。我恍然大悟：这就是生本教学的魅力！于是我幸运地找到了语文教学的正确方向，踏上了生本语文课堂的起跑线。

这堂课不但让我找到了生本的感觉，还找到了适合自己的成长方式——实践中反思、反思中改进。经过两年“从无到有”的研磨，我惊讶于自己讲故事和设计游戏的能力，更发现自己对于生本不再是模仿，而是孜孜以求的探索和追求，追求适合学生发展的教育教学方法和方式，由此我形成了自己的教学风格。

2012 年，我进入华阳生本研究室，当上语文科组长，迈上了成长的又一级阶梯。

“南粤教师”梁小君

英语科组教师刘莎和数学科组教师赖艳(现任华阳小学教导处副主任)，在华阳生本教育的教师梯队中，她们是不折不扣的两股中坚力量，她们翱翔高飞，承前启后，使得华阳教师雁群成为一道非凡的景观。

我的成长故事

刘莎

2008 年，我随军调入广州市天河区工作。一次随手翻阅，让我知道了华阳，知道了何建芬老师。那是华阳小学语文特级教师何建芬老师的一篇论文《生本让我们享受简单——谈生本理念下小学语文教学的新思考》。“回归到简单的教育”，这一说法引起了我的思考。华阳小学的生本教育特色，也给我留下了深刻印象。幸运的是，我如愿分配到华阳小学，并跟随何老师搭班教学，亲身体验生本教育、生本语文的魅力。

刚开学不久的一次语文早读，我提早10分钟到了课室。让我惊奇的是，孩子们都在默默地读着语文书，一边读一边写着笔记，而且整本语文书看起来都已经快读完了。课室里如此安静，何老师也专注地看着、写着，没有人察觉到我的到来。我悄悄来到何老师身边，不解地问道："这才刚开学，你的语文课就教完了？"何老师也满脸困惑："我们还没有正式开始学习课文呢，怎么会学完了？""那他们的语文书上怎么都写满了笔记？"何老师笑了："这是预习，不了解他们的问题和困惑，我们怎么知道如何教？"原来，这就是"以生为本""以学定教"——面对不同的学生群体，怎么能预设相同的教学目标？选择相同的教学内容？我开始走近生本，也开始反思自己以往的教学。

一个学期后，我接到了在广州市教研活动中上研讨课的任务，学校要求我上一节有些"生本"味道的英语阅读课。教学设计改了又改，教学活动换了又换，看到我的苦恼和困惑，语文科组资深的叶延萍老师认真地向我介绍起语文精读课的教学模式，她说："语言学习都是相通的，英语阅读也应当唤起学生阅读的兴趣和成就感。你可以引导他们用喜欢的方式来阅读，让孩子们结合自己的生活实际，说出自己的感悟。"英语阅读对于这群相当于牙牙学语程度的孩子，本身就困难重重，能放手让孩子们阅读？能生成他们自己的想法并表达出来吗？我将信将疑，但着手尝试着用思维导图策略引导孩子们自主选择关键信息，并搭建语言表述框架，帮助他们评论文本、复述文本。慢慢地，我发现我们的放手、我们的相信与尊重真的唤醒了孩子们自主学习的热情。公开课上，他们的英语表达流利，课堂中处处闪动着灵动的智慧之光，让人欣喜。

于是，我开始利用学校科组教研活动的便利，琢磨成熟的语文、数学课堂模式，虚心请教，让英语教学也能融入学校生本教育的主流。2012年，在学校总结提炼"以学定教单元整体教学模式"之际，我起草撰写了学校课堂教学模式的英语学科部分。现在，我还以广州市特约教研员、天河区小学英语教学核心组成员的身份在各级教研活动中推广我校的教学模式，让更多的教师和学生在极大的乐趣中受益于这种简单而充实的课堂教学。

广州市骨干教师刘莎

享受生本课堂的美妙

赖艳

2007年，我参加天河区骨干教师招聘，以第一名的成绩如愿调入天河区华阳小学——一所因为生本教育而声名鹊起的学校，一所我曾经无数次怀着朝圣般的心情来听课、学习的学校，一所拥有一群怀揣教育梦想教师的学校。

广州市骨干教师赖艳

加入华阳团队之后，我不断在校内校外上生本的示范课和公开课，与教师们共同研讨、交流、碰撞，不断对自己的课堂教学进行磨砺。每一次上公开课前我都很紧张，很兴奋。完成一堂公开课后，我有时不断回味，仿佛一首绕梁三日的曲子；有时痛苦纠结，就坐在电脑前一点一点地剖析，一点一点地改进——该怎么上好这堂课？我常常对自己说：一名教师的课堂质量约等于学生的生命质量，对课堂的任何付出，任何努力都不过分。

与孩子们共生、共享、共长，这是生本课堂的快乐，这给予了我教育生命极大的幸福感，能够在华阳小学持续不断对生本教育进行深入的研究，我的人生因此而富有意义，更为重要的是，当我的教学理念与学校的办学理念高度契合的时候，作为华阳小学的一员，我感到无比的自豪与骄傲。

3. 试飞者

体育科组教师黄理想和数学科组教师蔡琪琳是华阳教师队伍中的两名新兵，也分别是天河区体育学科和数学学科的“教坛新秀”。作为华阳教师梯队中的试飞者代表，他们用自己的努力注解了生本的美妙，他们羽翼虽未丰满，但起步已然不凡。

师徒同心　其利断金

黄理想

2007 年 7 月，我通过天河区教育局的公开招聘，成功加入华阳小学这个大家庭，开启了一名教师的新征程。华阳为每一位新教师配上了一名资深的本学科师傅，我的第一位师傅是傅明玉老师。傅老师像大姐姐一样，陪伴我一路成长。

华阳的大专科组公开课是一个最好的又是最常态的锻炼机会。每个学期我在这个平台上一到两次的公开课。渐渐地，我上课的信心增强了，课堂调控能力更娴熟了，对小学体育课堂的理解更深入了。

机遇总是给有准备的人。2007 年和 2008 年作为区代表队的一员，我两次参加广州市中小学生体育教师基本功大赛，两次都获得团体一等奖的好成绩；2009 年 3 月，我执教的区公开课“通过啦啦操的学习，发展学生的上肢力量”得到了区内同行的一致好评；同年 9 月，我被聘为区学科中心组成员；2010 年，我参加广东省第五届中小学体育教学优秀课评选，获得二等奖；最大的考验是 2012 年天河区第十一届青年教师教学基本功大赛，为此，学校认真筹划准备，陈丽霞副校长对每一个环节都严格把关，学科骨干团队通力协作，共同努力，最后，我以特等奖的成绩获得“教坛新秀”的称号。

一个人的成长，需要有一个积极进取的团队，一位真心相助的良师，一个不断提供学习和历练机会的平台——华阳在你到来之前就已经把这优质的教育教学环境打造好了。

“教坛新秀”黄理想老师

那一堂课，奠定了我的生本之路

蔡琪琳

2015 年 1 月 8 日，我一早出发赶往天河区第十二届青年教师基本功竞赛的决赛赛场。一路上，我脑海里只有一个声音，那就是要让在场的孩子们和评委们都感受到华阳生本课堂的魅力，都认同华阳生本教育实践的成果。

走进决赛场地：一个“观察物体”的知识点话题，46 个与我第一次见面的孩子，7 位区内乃至全市有名的学科专家领导——这是我教学职业生涯中第一次见到的大场面。不知为什么，我却出奇的平静。在课堂上，我和孩子们有秩序地“玩儿”成了一片，孩子们脸上的表情，从开课前的紧张和警惕，转成了轻松的笑容。随着课堂的深入，他们回答问题的声音越发肯定，积极性越发高涨。进入小组研究环节，我刚一布置任务，就有一个像是跟我十分熟悉的孩子站起来问我：“老师，您给的模型数量不够……”我开心地对着大家说：“那可怎么办呢？”另一个孩子也站了起来：“老师，我们想两个小组一起合作，这样就有足够的模型了……”我微笑地伸手举起了一个 OK 的手势……是的，这样的一个小细节，不就是我们一直在追寻的自主合作式学习的课堂吗？不就是我们一直寻思的要让孩子们学会包容和相互支持吗？我承认，我的设计“得逞”了，7 个专家，都笑了！

感谢让我迷恋的华阳生本课堂，我会踏实地走在这条路上，逐日远行，自由至远。

“教坛新秀”蔡琪琳老师

（二）为生本而行动

教师是学校教育理念的落实者，教育活动的实施者。教师素质、能力和水平能够得到专业化的培养，是学校发展最重要、最坚实的基础。与此同时，教师对学校教育理念是否认同，是否践行，是学校特色发展的关键。

为了将生本教育进行到底，华阳小学坚持打造一支为生本奠基的教师队伍，同时致力于建构一种为生本护航的学校运行和团队建设机制。为此，智慧的华阳人采取了一系列富有创造性、可圈可点的措施和做法。

1. 教科研活动：为生本教育提供理论支持

教科研活动是近年来华阳在教师队伍建设方面的重要举措之一。它是以促进教师专业进步，进而促进学生全面发展为目的，以教师为研究主体，以校为本的实践性研究活动。为了在理论上不断深化对生本教育的认识，在实践上不断扩大生本教育的成果，华阳小学以教科研促进教师的专业化成长，为生本教育的实施奠定了坚实的人力资源基础。

华阳小学的教科研活动有特色，成体系。对于大多数学校来说，学校的教科研活动围绕科组建设展开，以学校课程实施过程和教育教学过程中教师所面对的各种具体的教育教学问题为研究对象。华阳教科研活动的与众不同之处在于以全面有效推进生本教育为目的，以生本教育为指挥棒，以生本研究室为主要平台，打破科组、级组的限制，围绕学校在实施生本教育过程中的种种问题而展开，由此形成了自己的体系和特色。

华阳小学的教科研活动有基础，上档次。早在周玉娥校长带领学校走上生本教育道路之初，为了持续不断地给学校的生本教育提供理论支持，厘清生本教育探索中的种种困惑，解决生本教育实施中的种种问题，周校长就率先参与郭思乐教授主持的相关课题，以教科研指导教育教学实践。

王建辉校长也极其重视教科研工作，华阳生本研究室的成立意味着华阳把教学工作上升到教科研的高度来对待，并在全校形成了教科研的浓厚氛围。周洁校长不仅继续大力推进学校的教科研工作，而且把教科研的效用辐射到校外，她带领华阳小学团队与珠村小学、长湴小学团队一起，成功申报了广州市创新学术团队，以“小学阶段多维立体公民教育特色课程建设”为主题，通过跨校合作进行研究，建立整合与共享优质资源的有效机制，共同开发并实施公民教育特色课程，锤炼具有创新意识的骨干教师团队。

教科研工作切切实实为华阳的生本教育开拓了路径，扫清了障碍，也在帮助教师专业化成长方面起到了重要作用，反过来又激发了华阳教师的教科研兴趣。近年来，华阳教师的教科研能力大幅度提升，教科研成果也极其显著，先后承担了政府立项课题 29 个，其中国家级 1 个，省级 8 个，市级 10 个，区级 10 个；学校有广州市教育系统创新学术团队 1 个，获广州市教学成果奖 3 次，德育创新奖 2 次；教师有 129 篇教育教学论文发表在全国及省市级教育刊物上，出版专著 1 本，编著 3 本；学生作品入选了由人民教育出版社出版发行的生本教材……

第一届生本班的生本课堂

2. 华山论剑："华阳杯"课堂教学大赛为生本教育磨砺锋芒

赛课，是学校教师展示教学本领、切磋教学技能、深化教学研究的好方法，在陈丽霞副校长的推动下，华阳小学通过"华阳杯"课堂教学大赛的举办，将赛课这一好方法做成了华阳特有的好平台。

"华阳杯来了！"每一学年的第二学期开学第一次集体教研会议上，同事们总会相互重复着这句话，或是三三两两地讨论着"华阳杯又要开始啦!”带着些许的兴奋、紧张和悸动。是的，“华阳杯”“以学定教单元整体教学”教学大赛到今天为止已经成功举办了三届，作为华阳小学每学年一度的“华山论剑”盛会，其参与度之广、涵盖学科之多、研究程度之深，在小学中是令人惊叹的。

一场华阳教师期待的赛事

每年的“华阳杯”赛事，都会让像黄月冰这样的新教师非常激动，因为她可以观看到由全校各个年级不同学科精心研磨推出的“以学定教单元整体教学”课型。一个赛程下来，她的听课本往往都记得满满的，有时候甚至一个本子都不够用。她笑着说：“就像是渴望春雨已久的小苗，恰逢天空毫不吝啬下了一场雨，我就可以喝个饱了。”她还有幸参与第二届“华阳杯”，成为二年级语文学科主题汇报的负责人。这对初出茅庐的她而言，是一个不小的挑战。每天的教学任务都很繁重，她只能利用下班休息的时间去完成，但她说这是一个令人享受的过程：“我非常享受这个不断查阅资料、阅读各种教学理论书目、绞尽脑汁写报告的过程。那段时间我将自己沉浸在书籍中，不断去跟我们科组团队沟通寻找研究点，不断去为研究主题查阅相关理论依据，一些平时关于生本教学模式的困惑也在这个过程中豁然开朗了。”她的脸上写满了收获的喜悦。

对于老教师来说，是也很享受这样一个比赛的过程，还是认为战线拉得如此之长的比赛是一件折磨人的事？刚参加完第三届“华阳杯”大赛并获得了课堂教学“优胜奖”的余志敏主任在总结大会上动情地说：“作为一个已不年轻的教师，跟年轻人在一起比赛，本身就需要勇气。我勇敢地完成了这一次挑战，并得到了认可。更让我振奋的是，为了备战‘华阳杯’，我对小组合作建设做了更深入的探讨，取得了较大的进步。这是我加入华阳的第五年，在生本理念的熏陶下，我由最初的迷茫、困惑、煎熬走向明朗、释然、坚定。这一年，我收获满满，也坚定了‘以生为本，以学定教’的教学追求。如果说从前我还有摇摆，那这一年我是坚定的。我希望我的课能打上这个烙印。每一节课，课前我充分考虑学情，关注学生的‘现成’，课上我尊重学生，相信学生，关注学生的‘生成’，更不忘教师的主导地位，课后我关注学生的‘收成’。验收我自己的教学理念是在五月份我去杭州参加‘广州市新一轮“百千万”培养工程’培训时，匆忙间在跟岗学校上的一节课。不同的地点，不同的孩子，不同的形式，但上完课后，我对自己说，这节课就是生本的课。我终将在这一理念的指引下追索不止。”

一次集成团队智慧的教学盛宴

经过三届的打磨，“华阳杯”已经形成了比较完善的比赛机制。首先，“赋权给教师”，全校各科教师围绕各学科“以学定教单元整体教学模式”的研究成果，自选一个具有一定研究基础的课型(课型与前届比赛内容不重复)，或围绕一个有一定研究价值的专题，进行教学大比武。其次，它的基本原则有三：一是基于专题研究，教师根据实际情况确定研究点，明确专业发展方向；二是依靠团队合作，组建成长共同体；三是通过展示交流发挥专业影响，发展专业能力，由此整体推动课型模式研究的纵深开展。

“华阳杯”围绕“以生为本，以学定教”拉开序幕，在为期一个月的赛程中，分语文、数学、英语、专科四大科组进行比赛，要求以年级为单位团队参赛(专科以各小科组为单位)，围绕“以学定教单元整体教学模式”的课型，利用自主教研和集体教研的时间进行集备研讨。贯彻“推进‘以学定教单元教学整体模式’研讨”“凸显研究，体现深度”“团队评分，集体参与”的评价主旨，将日常教研、课堂教学与动态教案的形成和展示相结合，分主题汇报、课例展示、教学反思和成果呈现四个环节进行比赛(由于临近毕业，语数英学科六年级可以自主确定是否参加)。各科组在两周内完成比赛，由专家团队进行评分，统一按去掉最高分和最低分后取平均分的办法计算得分。根据综合得分排名，各科组确定团队一等奖1名、二等奖2名、三等奖若干名，各科组另设单项奖各一名，分别给予奖品，并颁发证书表彰。

这是一场集成团队智慧的教学盛宴。与其他教学比赛不同的是，“华阳杯”彰显的是各个团队的力量。首先它不是某个教师的独秀场，而是以年级为单位，团体参赛，它展示的是团队智慧的结晶，由团队讨论选择哪一个课型，磨课的时候除了负责课例展示的教师，其余成员也会悉数到场认真聆听，然后提出自己的意见和建议。上课的教师再根据大家的意见进行课例修改，再继续一次又一次的磨课，直到满意为止。对于课例展示，从其教学设计的模板到展示时间、展示人员也有其明确严格的要求。其次，每个参赛年级团队中超过90%的教师都参与到其中，每个人自主认领不同的任务。主题汇报、课例展示、教学反思、成果展示都先由大家集体教研，然后分专人负责，既结合了集体的智慧，也体现了个人的思考。因此，每一次教学大赛体现出来的都是团队的风采，正所谓是“一花独放不是春，百花齐放春满园”。

一回以赛促研的特殊“比武”

华山论剑，武林高手们纷纷使出绝招，其目的是一决高下。“华阳杯”教学比武的目的绝非一决高下那么简单，而更重要的是通过比赛深化各学科“以学定教单元整体教学模式”研究，探索学校课堂教学改革中的突出问题，打造研究型团队和研究型教师，也就是“以赛促研”。这首先体现在“华阳杯”大赛的第一个环节：主题汇报，时间为8分钟，主要内容是围绕单元整体教学展示集备过程与效果，或是探讨研究专题的提出、研究过程和成效。不要小看这短短的8分钟，其内容是非常丰富的。主题汇报提出了很多具体的要求，以“课题研究”的严谨形式进行，并不是材料的随意堆砌。

其次，“以赛促研”还体现在教学反思这个环节的实施上。在比赛过程中，教学反思虽然由一个代表汇报，但是反思内容却是团队所有教师现场讨论、动态生成的。团队不同的教师从不同的方面进行课堂观测：学生发言人数、小组合作的次数及质量、学生学习方法指导、课堂学生呈现的精神面貌，等等。这样的教学反思不仅有事实数据的统计作为依据，同时结合了教学设计、学校理念进行现场生成，具有时效性和真实性。此外，除了课例展示的教师，每一位观赛的教师必须在比赛结束后对其中两节课例展示进行100字以上的书面评议(也可以附上自己的修改建议和教学设计）。大家在书面评课的过程中理顺自己的思路，总结自己的收获，实际上这也是一种“小研究”。

一个梯度培养新人的好平台

三届“华阳杯”下来，每个年级组的教师就前期选定模式中的一个课型做大量的资料收集、文献学习、备课磨课、总结反思等工作，在促进年级组教师共同成长的过程中，新教师更能获得巨大的进步。他们不仅可以在观课的过程中向优秀前辈学习，汲取营养，更重要的是，“华阳杯”将一批年轻教师推上比赛的舞台，促进了科组教师的梯队建设。

“华阳杯”规定：连续两次展示过“华阳杯”课堂教学的教师，或曾在“华阳杯”竞赛中荣获一等奖的教师原则上不再参与课例展示。这便是“华阳杯”精髓所在，它的目的不是一决高下，不是为了个人的赢，而是为了共赢。这个人人都有机会参与的展示平台，为年轻教师提供了更多的锻炼机会。团队群策群力，给予上课的教师力所能及的帮助也让各自思维的火花碰撞出灿烂的结果。刚获得第三届“华阳杯”专科组课例优胜奖的彭俏苑老师加入华阳不到一年，教学经验尚浅，她代表科学组参赛的课例是“磁极的相互作用”。这是她人生中第一次参加教学大赛，心中的紧张可想而知。她非常积极，认真备战，起初她的教学设计出自对一位名师的模仿，结果却发现“画虎类犬”，课上不出效果，根本不适合自己。在师傅郑松楠老师和科组其他教师的帮助下，她重新理顺思路，在一次又一次的试课中探寻属于自己的教学设计。试了几次课，效果还是不大好，师傅郑松楠一遍遍听课，和她一起思考如何改进。在比赛前的最后一次试课中，她们又发现了问题，再一次对教学设计进行了修改。而此时几次磨课的累、临近比赛的压力让彭俏苑垂头丧气，几乎想要放弃了。师傅温柔地安慰她：“你不要有压力，你已经非常努力了，尽力了就好。最重要的不是比赛的结果，而是你在这个过程中得到了成长。”师傅的话语让她再一次燃起了信心，也让她放松了下来：新教师更重要的是锻炼自己，积累经验，不要过分看重结果。她静下心来继续和师傅一起修改教学，在比赛的时候轻松上阵。没想到，上课效果出奇得好，专家们和校长们都对她竖起了大拇指。在“华阳杯”总结大会上，彭老师跟大家分享了她上课的收获，并感谢“华阳杯”让她成长，也感谢华阳的“师徒结对子”活动，让她拥有了一个时刻可以辅助自己、时刻可以取经的师傅！

一种不断成长和完善中的好机制

显然，“华阳杯”教学大赛比赛机制也为学校积累了资源，在模式的定式中注入了教师们很多新的思考，有效推动了学校各学科“以学定教单元整体教学模式”研究的深入，为“定式＋变式”的生本教学模式注入了更多新鲜的血液。

三届“华阳杯”的成功举办，离不开学校教学团队的精心打磨。“华阳杯”比赛机制就如同一件漂亮的艺术品，在教学团队的不断打磨、不断雕刻下日益焕发出迷人的光彩。每一届的“华阳杯”后，教学团队都会召开内部总结大会，进行本次的经验总结，作为下次举办“华阳杯”的借鉴。比如，第一届的时候，评委是由专家团队和全体教师组成，后发现这样评委太过分散，又重新设置，组成只由专家团队担任评委的阵容。又比如，第三届在第二届比赛的基础上又完善了主题汇报、教学反思的具体要求，使之更为细化，让教师们明确方向……

教学团队不断在思考，在行动，从来不止步，不停歇。

3. 华阳智慧：反刍式校本培训为生本教育凝练品牌之光

校本培训是指在教育行政部门、教师培训机构的规划指导下，由中小学校长组织领导，教师任职学校自主开展，紧密结合学校工作实践，以提高学校教学质量和办学效益、促进教师专业发展和职业修养为目的的教师在职培训形式。“校本培训”这一概念最早是在 1999 年教育部《关于实施“中小学教师继续教育工程”的意见》中提出的：“中小学校是教师继续教育的重要基地，中小学校长是教师继续教育的第一责任人；各中小学都要制订本校教师培训计划，建立教师培训档案，组织多种形式的校本培训。”随着基础教育和教师教育工作的日益被重视，教师的校本培训工作成为学校工作的重要一环。与此同时，伴随着课程改革和教学改革的全面推进，让智慧唤醒教育教学的内在生命活力成为教育界共识。事实上，教育教学需要智慧，而教育教学智慧又是教师在长期的教育教学实践中不断体验、反思、积累经验、提高技能而形成的。

智慧的华阳人将“校本培训”和“智慧”两个关键词有机结合，走出了一条独具特色的以“华阳智慧”为名的反刍式校本培训路径。

反刍式校本培训的理论基础是：在实践中反思是校本培训的主要内容，实践中的反思是教师提高自己的一个重要途径，也是教师积极探究心态的表现，同时，反思使教师隐藏在心中的教育思想得以激活，是教师充分挖掘自己专业发展资源的主要方式。

反刍式校本培训的现实基础是：华阳小学已经成为一所走在新课改前沿的排头兵学校，是引领全国生本教育实践的先行者。在长期的生本教育推进和智慧型教师培养工作中，已经打造了一支卓越的教师团队。华阳人，个个精英，一向敢为人先，自然在教育教学方面各人有着不同的智慧做法和智慧经验。

怎样把这么多个人的智慧集中起来，形成大家的智慧，让大家，尤其是青年教师受惠受益呢？学校领导深思熟虑后，大胆提出了“华阳智慧”这个概念。

“华阳智慧”的具体做法是：请教师们在假期总结梳理，并对自己一学期以来工作实践中的最亮点进行阐述，把个人的智慧变成集体的智慧，让少数的智慧教师变成大多数智慧教师，从而更加提升学校的教育教学管理水平，提升学校的竞争实力。

2013 学年暑假，华阳小学教师们通过通信平台收到了陈丽霞副校长布置的这项“作业”：

通知

为了及时总结大家在教育教学中的智慧成果，在分享和交流中形成合力，提升学校整体工作质量，特组织“华阳智慧”征稿及分享活动，请每位教师选择教学或班级工作中最突出或最有心得的一个亮点，着重从实践操作层面阐述自己的做法、成效及心得体会，于 2014 年 8 月 25 日前发到学校邮箱。

注意事项：内容上，联系华阳实际并富有华阳特色，字数为 1500～3000 字；格式上，标题为二号黑体，正文为四号仿宋，1.5 倍行距，文件名为“题目＋＊＊＊老师实践智慧”。

人是以社会属性为本质属性并善于思考的高级动物，读书和思考，就像牛的反刍一样。许多教师抱怨每天忙忙碌碌，没有思考的时间。其实，静心思考的时间不是刻意安排和预留的，思考应渗透在教师每天常规性的工作和学习中。

收到通知后，教师们都被“华阳智慧”这一新鲜的词汇深深打动，大家积极行动，从各方面对自己的日常教育教学工作进行思考，寻找其中最闪光的亮点，用心打造，数易其稿，开学后每人都向学校上交了自己的“智慧”之作，形成了“华阳智慧”。

此后，学校每学期坚持鼓励教师们捕捉智慧之光，坚持向教师们征集智慧之作，“智慧”如滚雪球一般，越来越大，越来越晶莹通透，“华阳智慧”闪耀着“煜煜星辉”。

先来看看教师们与学生第一次见面时别出心裁的智慧：

做好六个一，新班接手没问题

廖海燕

要给学生留下好的印象，第一次见面很重要，特别是自我介绍要艺术。有些班主任可能出于威慑学生的需要，喜欢谈自己过去的“丰功伟绩”；有些则将自己的个性张扬、人格放大；也有的过于自谦，对自己介绍不清不楚。这些做法都可能拉远师生之间的距离。

记得去年接班时，我是这样介绍自己的：“同学们，是不是特别想知道我姓什么？我先出个字谜，你们猜出的这个字呀，就是老师的姓。(“廖”字的谜面是：一点一横一大甩，弯一弯甩一甩，弯一弯甩一甩，左一甩右一甩，一甩一甩又一甩)看看谁最聪明？”孩子们开始三五成群地议论纷纷。当然，他们没有人猜得出这个字。于是，我拿起粉笔在黑板上一边念着谜面，一边开始教他们写这个字。看到他们兴致勃勃，我马上接着说："从今天开始，我是你们的班主任兼语文老师，非常高兴能认识在座的45名同学。站在讲台上我是你们的老师，希望能在学习上给你们最大的帮助。课下，我希望和大家成为好朋友，在我们班上，不管是谁，遇到困难，都可以找我，我一定尽力帮助。现在，你们对于我来说，就是一张白纸，人人都是好学生，至于以后，就看你怎样用自己的行动来描绘自己了。我关注的是现在表现的你，至于你以前纪律好坏，成绩高低，那已经成为过去，与我无关。我想，每个同学都想成为一名好学生，是不是？所以，从现在开始，你就好好给自己画像吧！为了让我尽快地认识你、了解你，下面我们做一个小小的游戏：每个人写出自己的优点，只写优点，不记名，我来读，大家猜猜看，看谁的人气高！"

同学们惊讶不已，热情高涨，很快就完成了任务。我开始读，有的一次就能猜中，有的几次猜中，我时不时来一句"你人气真高，一次就被同学们猜中啊！"等话，随着游戏的进行，我不但记住了学生的名字，还了解了学生的优点、特长，这一下子拉近了我们师生之间的距离，学生很快就接受了我。

结束时，我说："通过刚才的交流，我惊喜地发现，我们班有体育健将，有音乐艺人，有文学天才，有数学神童……我想，有这么好的基础，通过大家的努力，我们六(1)班一定会成为年级第一，学校骄傲！"

邓燎老师与学生的第一次见面也是独具智慧：

开学第一天，我拎了两瓶"大炮"来到班级教室里，一瓶是可乐，一瓶是橙汁。我用纸杯给每个孩子倒了一杯饮料，待他们细细品尝之后问："可乐和橙汁的味道有什么不同吗？"孩子们当然很快说出了两者的区别，我便说："是啊，不同的饮料有着各自不同的特殊味道，你们都喜欢喝。老师也是一样的，每个老师都有着各自不同的特色风格，也许你们很喜欢你们以前的班主任老师，可现在我成了你们的班主任老师，我与她肯定会有很多的不一样，但希望你们也像喜欢她一样喜欢我，可以吗?”

青年教师陈旭娜教龄虽短，却在开展工作方面别具心思：

那年开学前，在六班的班群上，我给每个孩子的家长都留了这样的一段话“＊＊家长，您好。我是孩子这学期的英语老师陈旭娜，非常开心，有缘可以成为孩子成长路上的导航者，因为还没有和孩子见过面，您能跟我说说孩子在学习上的学习特点吗？顺便能告诉我孩子的身体特征，让我一眼就能认出孩子好吗?”

我收到了好多家长的回复，他们把孩子学习上的长处，不足之处，有待进步的地方告诉我。例如，有家长这样描述：“性格有点内向，会热心帮人，但不太敢主动与人交流，尤其是太严肃的人。一旦熟悉了，他还是很多话题的。”我在开学那一天第一眼就认出了这个孩子，孩子们私底下称呼我为“小魔女”。开始我并不接受这个称呼，但是孩子们说：“陈老师，你有一双有魔力的眼睛，你知道吗？第一次你叫我名字的时候，你的眼睛看着我，我觉得你特别有魔力。”

名字是这个世界上与自己关系最亲密的符号，代表的是一个个鲜活的人。擅长销售的人说：“世界上最美妙的声音是听到自己的名字从别人的口中说出来。”对于初次与老师见面的孩子来说，老师竟然知道自己的名字，能让孩子感觉到老师对他的尊重，心里甜滋滋的同时，也让老师的形象在学生心目中变得高大，显得特别有魅力。

教育无小事，开学前与学生家长的一点交流，拉近了我和家长之间的距离，拉近了我与学生之间的距离。家长放心地把孩子交给我，对我产生信任感；学生被我深深地吸引，对我产生亲和感。

家长会是家校合作，共同关心学生健康成长的一种教育形式。班主任通过家长会联系家长，了解学生的家庭情况；家长通过家长会了解学校管理和教育学生的情况，也掌握子女在学校的表现和成长情况。开好家长会是班主任工作中的一个重要方面。华阳小学的教师们在这方面当然也有不少的金点子。管秀娣老师就把“你方唱罢我登场”的家长会办成了家长沙龙，受到班级家长们的喜爱和认可。

问题学生的转化是学校德育工作的难点和重点。如何在教书育人中真正贯彻落实“德育为首，育人为本”的教育思想一直是教师探索和实践的课题。在班主任工作中，最令教师们感到困扰的就是如何与问题学生相处并有效转化。华阳小学作为一线城市的市中心大校，每个班级里几乎都有这样一两个在学习、思想、行为上存在着不同偏差的学生。怎样对待他们，自然特别需要华阳教师们的教育智慧，让我们来看看吧。

同理心和一次谈话

王军

面对一个屡教不改的孩子，“说教”肯定达不到想要的教育效果，采用什么方法比较有效？我用的是“同理心”。什么是“同理心”呢？即沟通方暂时放弃自身的主观参照标准，尝试设身处地地以对方的标准为参照来看事物，站在对方的处境来体察其思想行为，了解其独特感受。

小仑喜欢爬上跳下，经常违反纪律，而且屡教不改，我决定用“同理心”和他谈话。

放学后，小仑来到办公室。我先问了些他的近况，是不是自己一个人吃饭，早餐吃什么，晚上几点睡觉。他一下子打开了话匣子，滔滔不绝，侃侃而谈。接着，我问他：“你觉得自己最近表现如何？”他蠕动着嘴唇有所顾忌不敢说话，我鼓励他：“没关系，你先回忆一下自己最近的表现，然后再如实地说出来。”他不好意思地说：“有点调皮。”我接着问：“能举一个例子吗？”他说：“下课爱追逐打闹，有时跟同学打架。”我笑着问：“想一想，还有吗？”他低着头说：“翻窗台……”“你知道你这些行为可能会造成什么样的后果吗？”我严肃地问。小仑低头不语。接着我列举了近年来校内外因学生打闹引发的悲剧事件，并让他明白：习惯决定性格，性格决定命运，为了避免不必要的麻烦和纠纷，应该从小事做起，养成良好的行为习惯。看他无语，我借机安慰他：“我知道你是个很聪明的孩子，如果你能把上课爱做小动作的不良习惯改掉，积极发言，你的成绩一定会进步的。”他频频点头。事后的几天，小仑仍然不改活泼好动的本性，但有关他的投诉却减少了不少。

与小仑的“较量”进行了无数次。贪玩是学生的天性，但教育的本职却提醒我们不能任由学生随心所欲地发展，必须引导他们在保留个性的基础上，做守纪律、讲文明的人，这是教育的难点，也是我今后努力的方向。

徐涛老师在《我这样改变像火山一样的他》一文中回忆了自己如何通过家校沟通、师生交心和充分肯定并委以重任的做法改变一个脾气像火山一样火爆的孩子，让他不再喷发，甚至成为大家公认的班级正能量。她说：

“充分尊重学生，全面依靠学生，高度相信学生”的生本理念，真正落实到实践中，不可能一蹴而就，它需要及时恰当地运用和平心静气地等待。我坚定地相信这一理念，并通过自己的努力看到了它带给学生的神奇变化，我相信，一切付出都是值得的。

除了德育智慧，教师们在教学方面的智慧也是花样翻新、创意无限的。

在生本课堂上，小组讨论和小组汇报的学习方式给课堂教学注入了活力，它不仅可以使师生之间、学生之间更有效地进行语言交际，而且还可以培养学生的合作意识、团队精神，进而促使学生相互学习，有力地促进了课堂效率的提高。

“以学定教单元整体教学模式”充分体现了教材单元主题性的特色，更好地发挥了学生在学习中的自主性，是一种科学实用的教学操作化模式。在实践运用中，语文科的赖莹老师大胆创新，“模式＋变式”应运而生，显示出自己独到的智慧；英语科的杨小芳老师也对本学科的单元整体教学有着思考的智慧和巧妙的运用。

至于日常教学方法的巧妙，有一句话说得好：“教无定法，因材施教。”智慧地面对和机智地解决日常教学中遇到的困难和问题，在华阳智慧中可以说比比皆是。英语科吴瑞君老师利用课前一分钟训练学生的听说能力，体育科黄艺渠老师通过牵手动作训练一年级小朋友“快、静、齐”地排好队列……教师们真是下足了功夫，充分体现了华阳智慧。

华阳智慧的做法当然不限于征收和采集，而在于分享，在于交流，在于扩大和拓展。如果说华阳智慧的征集给了教师们一个“反刍”的时间和机会；那么，华阳智慧的篇章则让学校领导深深有感于教师智慧的多样性和广泛性。于是，学校决定就以华阳智慧为教师“反刍”资源，为教师提供“反刍食物”，充分开展校本培训，使教师能及时、经常地反思，并能在反思中相互交流、相互启发，从而使教师们的个人智慧真正地成为所有华阳人的智慧。

我们的做法有以下四个方面：

第一，会前分享——“点心”常品味。

每学期每周三下午都是教师大会的时间，每次教师大会前 8 分钟是校本培训会前分享的时间，华阳智慧是我们会前分享的内容。

第二，华阳有约——“大餐”细咀嚼。

华阳智慧中出现频率最高的字眼，往往是教师们感到最困惑的地方——我们从中提炼出多个主题，约家长、约学生、约专家、约教师一起交流和辨析。“华阳有约”系列孕育而生，华阳智慧在思维碰撞中闪现出更明亮的火花，得到更广泛的推进。

第三，优选出书——“养分”重吸收。

华阳智慧需要交流和分享，更需要传播和传承。我们已优选出有教育价值、有导向作用的“智慧”，准备结集出版。

第四，教师社团——“菜式”再创造。

教师们因为在教学中共同的追求、共同的困惑、共同的兴趣走到了一起。小课题社团、微课社团、论文社团、班主任社团等教师社团如雨后春笋般成立。

学习、思考、交流和分享已成为教师内在的需求，成为教师自发的行为——教是为了不教，管是为了不管。华阳小学的教师在团队中积极进取、和谐共赢的教育氛围将不断推动华阳小学走向新的高峰。

4. 生本研究室：华阳名师为生本教育注入无限的活力

名校之名不在于其名气，而在于“名师”。在任何一所学校里，如何发挥名师的带头作用，落实名师传帮带工作，发挥名师的辐射引领效应，都是一项重要的工作和一个重要的课题。在这方面，华阳小学同样是别出心裁，生本研究室作为华阳名师的荟萃之地，从2011年成立至今，不仅充分发挥了名师在生本教育践行过程中的领航作用，而且还带领了一大群年轻教师走上新秀之路。

对于华阳小学的每一位教师来说，加入生本研究室无疑是对自己教学和专业上的巨大肯定。但是，一旦进入研究室，就意味着更大的担当，更大的责任。因为生本研究室是华阳生本教育的主阵地、大本营，不仅要对生本教育教学开展一系列的教学引领，尤其是对各学科课型的开发与研究，极其考验名师的功力，而且还要对新入教师、弱势教师开展诊断与帮扶，整体提升华阳教师的专业水准。此外，在学校教科研工作方面，研究室也要发挥其专业指导的效用。

(1)帮扶引领，共同成长

研究室的每位成员要确定2～3位教师为自己的共同成长对象，每学期开学的前两周拟定本学期重点帮扶的计划，个性化地设计“生本研究室共同成长教育教学研究跟踪表”。表格应详细记录共同成长对象的优势亮点、有待改进的地方、帮扶措施及跟踪反馈。确定好各年级、各学科、各课型的研讨课例，要求每人每学期至少公开展示课例一次。

每周随堂听课，每次听课后都必须填写“生本研究室共同成长教育教学研究跟踪表”，按指标及时记录并反馈教学动态，做好个案跟踪。在教学方法和教学技能方面给予帮扶对象具体的指导和培训。每两周进行一次教学情况调研分析。

开学后第一个月为自主教研月，各年级备课组组长组织运作，尤其做好单元整体教学课型设计的修订与实践研讨，重点对操作薄弱课型加以突破。第二个月开始，按计划进行各学科、各年级、各种课型的展示研讨(分校区)，由科组长统筹安排，每次的课例研讨按照教学的量化指标图表，由各年级组落实人员分工，合作进行记录反馈，交流分析，并提出改进措施，提交报告到教导处，要求听课和评课，事事有人做，人人有事做。各课例展示研讨都建议邀请所在班级家长参加，现场做家长问卷调查，由研究室工作成员回收，进行调研。

生本研究室成立第一年，何建芬老师在总结中说：

生本团队从组建的第一周就开始行动。从讨论帮扶的具体方案，到帮扶对象的选择确定，到实施运作的具体步骤，到有效提高的具体方式方法，都一一做了交流和研讨。第二周每个队员都拟订了听课研讨的计划，第三周就各自分头行动，开始听课，记录，思考，跟踪。在这个过程中，有王校长的时时叮咛，有陈副校长的不断提醒，还有教学行政的及时合作，促使生本教研室团友们一步一个脚印，较为顺利地走完了这一学期的历程。回头想想，的确不容易。隔周的交流研究，披星戴月，逐点落实；每周的听课评课，观摩讨论，不辞劳苦，详细记录；哪怕是在创文艰苦难熬的那段日子，也未曾放缓过共同成长的步伐。队友们虽苦犹荣，虽累却不言弃，那股干劲，那种责任，那份用心，真的让人感动。就像邹涛老师时刻牵挂着谭超锐老师课堂教学调控的进度；梁小君老师常常引领黄金兰老师追随学生的动态，落实教学的以生为本；刘莎老师总是身先士卒，与黄小阳、吴瑞君老师商榷英语教学生本常规课堂的构建；傅明玉老师、张惠丽老师以身垂范，与黄艺渠老师、范诗伟老师共同提高；赖艳老师甚至从教师衣着的细节入手，与王梦龙老师一起探寻数学常规教学的范式；还有叶延萍、黄瑞扬、龙作为、林燕璇老师时刻不忘身负重任，随时跟进促动，新老教师在教育教学的互相学习中共同成长。

(2)交流学习，率先成长

生本研究室的成员有非常多交流学习的机会，校内的专题讲座，名师报告会定期开展；校外的名校探访，教育年会定期参加。各大名校，各种培训到处都留下了生本研究室成员学习的足迹。

这说起来确实让人羡慕，但其中有很多不为人知的艰苦。记得有一次去北京学习，因为有像北京市海淀区红英小学、中关村第一小学、中关村第二小学、翠微小学这样的知名学校，也有一些虽然名气不大，但很有特色的学校在同一天开放，供教师选择，研究室的教师们不想放弃任何一个学习的机会，于是开始了与时间赛跑的旅程。梁小君老师和同一组的邝艳芬老师上午在红英小学与外国教师面对面交流学习完，简单吃了点午饭，就马上赶去另一所学校。因为担心迟到错过讲座，两人都急匆匆地赶路，一不留神，邝老师的一只鞋鞋跟断了，只好一脚高一脚低地继续往前走着，实在坚持不了了，就索性脱了鞋子，赤着脚走，一直走了 10 多分钟，才在路旁看见一家小店，匆匆忙忙买了一双鞋子继续前行。这天下午她们在翠微小学听了两节课，进行了课后的交流，一直到晚上 6 点多，才简单填了肚子。但当忙碌了一天的各组教师们回到宾馆后，一见面，却是格外的兴奋，互相交流一天的见闻和心得，一直聊到深夜。

一切为了学生，一切为了教育，研究室的教师们保持着生生不息的学习热情，呈现出率先前进的成长姿态。

(3)扩大队伍，转型升级

生本研究室在华阳生本教育的实施过程中发挥了积极的作用，其自身也活力充沛，不断扩大队伍、扩充职能、转型升级。随着华阳教学团队精英骨干力量的增强，华阳小学决定进一步加强生本研究室的内部建设和外部引领，更好地发挥生本研究室的职能，具体设想如下：

示范——在生本教学改革方面起到示范带头作用；

引领——带动团队真正落实“以生为本，以学定教”的课堂教学；

诊断——对学校的常规教学进行把脉并及时反馈；

帮扶——带动年轻教师及学科团队共同成长；

开发——校本课程的开发与实践；

研究——根据自身优势选点研究，突出重点，突破难点。

春种夏耘，秋收冬藏。生本研究室成员虽然艰苦繁忙，但仍然矢志不渝，快乐前行，为继续打造生本特色华阳，为合力打造华阳生本品牌，生本研究室成员们将蓄势待发，砥砺奋进。他们坚信，只要胸怀梦想，带着敬畏之心，坚守感恩之情，追逐着太阳，追逐着光明和希望，不懈奔跑，就一定能走出别样的精彩！

三、心若自由，行必至远

春风化雨，润物年年，生本教育是温煦的春风，丝丝缕缕吹拂着华阳校园，使每个华阳人都洋溢生机；生本教育是和暖的春雨，点点滴滴滋润着华阳校园，使每个华阳人都充满活力。

对于一所学校而言，校长是灵魂，是学校发展的设计师，校长必须做好办学理念和教育理念的顶层设计。教师和文化是学校发展的两个支撑点，其中，教师是学校理念的实施者，文化则是学校理念的载体，二者共同形成一个教育场。一所学校要发挥好教书育人的功能，师资队伍建设和学校文化建设是重中之重。

通过生本教育的探索和实践，华阳小学真正打造出了一支师德高尚、业务精湛、热爱教育、活力无限、笃志生本、创意无穷的优秀教师团队。同样，通过生本教育的探索和实践，华阳小学也真正建构了一种特色彰显、成效卓著的学校文化。

(一)“华阳号”载梦远航

文化是人的创造，是人们长期实践的产物，是一种社会现象。学校是一种社会组织，学校文化是由学校全体成员在长期的教育教学活动与发展演变过程中共同创造的，对内具有凝聚力、对外具有识别性的精神和物质共同体。按照文化的类别划分，学校文化也体现和落实在精神、物质和制度三个方面。

文化建校，文化立校。华阳小学以生为本的办学理念和价值追求，必然表现在学校文化建设的方方面面，其中最核心的部分，是全体华阳人价值理念的精神文化部分。

1. 一群人：一种氛围，一种信念

一棵树为什么要开花？因为它是开花的树！花树如此，人的成长亦然，每一个人都与生俱来地具备成长的“内在性”和“自在性”，这理应成为教育的真谛、教育者的共识。

对于华阳小学来说，一开始，生本只是一条路径，支持华阳选择这条路径的，是华阳人对孩子的爱，对学校的爱，对教育的爱，是大爱无形的华阳情怀。逐渐地，在生本教育理念的指引下，华阳小学走在了快速发展、良性发展的大道上，大家看到教育方式因生本而自然生长，看到学生因生本而演绎精彩，看到教育绩效因生本而迈向卓越时，全体华阳人都自觉地在教育过程中践行着生本教育的理念，和学生一起聆听生本教育“花开”的声音，一起享受生本教育的幸福，生本由此内化成为一种价值取向，一种理想信念。

对于华阳小学的教师们来说，每一个学生都是重要的，要创造适合每一个学生的教育。今天的教要立足于学生明天的发展。学生是天生的学习者，是学习成长的主体。我们要把“为教师的好教而设计的教育，转向为学生的好学而设计的教育”，实现由“师本教育”向“生本教育”的转变。正是基于这样的认识，大家与生本结下了不解之缘！

让孩子们乘着生本的翅膀自由飞翔

高海燕

生本背后是张扬个性，全面提升的大理念，学生们全方位发展的同时，学科能力也水涨船高地得到了提升。学生们在生本路上受益良多，我将继续与全体教师共同努力，完善适合师生发展的生本教育，让学生生命之花自然绽放，让孩子们乘着“生本”的翅膀自由飞翔。

做学生生命的“牧者”

邹涛

生本教育下的学生是原生态的，在生本课堂里，少了责骂，多了对学生个性差异的尊重，为学生提供了一个“心理安全与自由”的环境，学生的心智和心灵得到了最大程度的放飞。在课堂上，学生们思维活跃，敢于创造，可爱的生命在发芽，在用尽全力向上生长——看着这样的图景，老师是幸福的！

邹涛老师的数学课堂

生本教育实现了快乐和成功的统一，而这，正是每一个家庭、每一位家长对孩子的期望，也正是华阳的家长们在精神上高度认同华阳文化的原因所在。正如家长们说的，生本教育将改变孩子的一生，其中最重要的，是孩子们以学为乐，而这，将伴随他终生。

何建芬老师说，生本教育把学习的主动权交还给学生，进而唤醒学生的自觉意识，使学生收获主动发展的永不枯竭的动力与热情。邹涛老师说，生本教育之下，教师担当了学生生命的“牧者”，而非拉动学生的“纤夫”，以看似“无作为”的作为，最大化地促使学生心智觉醒、思维创新、能力提升，使每一朵生命之花都精彩绽放。

“教育是人的灵魂的教育，而非理智知识和认识的堆集。”这是思想家雅斯贝尔斯的话，也是华阳教师的共识。在华阳，学习绝不是为了分数的学习，也不仅是为了知识的学习，而是为了全面发展，为了“学会学习”。毫无疑问，生本教育唤醒的，便是学生成长的“内在性”与“自在性”，其最大的直接受益者是我们的学生。华阳的学生们，在生本教育的温暖光照下茁壮成长，发展智力，培养灵魂，他们与生本齐相牵、共成长。他们不仅是华阳文化的受益者，也是华阳文化的践行者。他们对华阳的喜爱、留恋和认同也是华阳文化体系构成中至关重要的一部分。

2. 一艘船：一个男孩，一个体系

除了内在的对于生本教育理念和价值追求的集体认同之外，华阳小学还打造了自己显在的独到的精神象征和文化形象，它是一艘名叫“华阳号”的船。

说起“华阳号”的诞生，不得不提起一位名叫常骏祥的男孩。正是这个戴着一副眼镜，文质彬彬，瘦瘦高高的六(2)班男生大胆挥毫，勾勒出了学校宏伟蓝图的雏形。

“华阳号”上的小男孩

常骏祥

2009 年 9 月 1 日，我走进了华阳小学。二年级时，我们班上了一节美术公开课。老师问大家：“孩子们，你们能用一个物体或形象来代表华阳小学在自己心目中的样子吗?”我平时就热爱画画，更喜欢画出与众不同的画作。于是，我四下张望，苦苦思索着。突然，我的目光被展示柜里摆放着的一艘小手工船吸引了，我仿佛看到了一艘乘风破浪的帆船，船上的人们胸怀理想，执着追求。这不正和我们学校的校训“心自由，行至远”相吻合吗？于是，我迫不及待地在洁白的画卷上画下了这艘大船，并在最顶端插上了华阳小学的旗号。瞧，多神气啊，学校是大船，登船的孩子跟随它驶向远方。看着看着，我不禁挥手大喊：华阳小学，我来了！

2013 年，借创建特色学校之机，周洁校长带领华阳小学全体师生把握发展契机，把生本化特色文化的再构建作为学校的核心工作来抓，并凝练出“生本华阳，逐日远行”的办学特色体系。用什么来作为华阳的精神象征呢？周校长将期待的目光投向学生，将寻找的视野定位于学生作品，毫无疑问，此举最能体现华阳以生为本的教育理念，也是华阳一

贯的做法。常骏祥的画作得到了华阳师生的认同和喜爱，于是，“华阳号”驶上了航道，承载着一个又一个华阳人的梦想和追求，乘风扬帆，昂首远航。

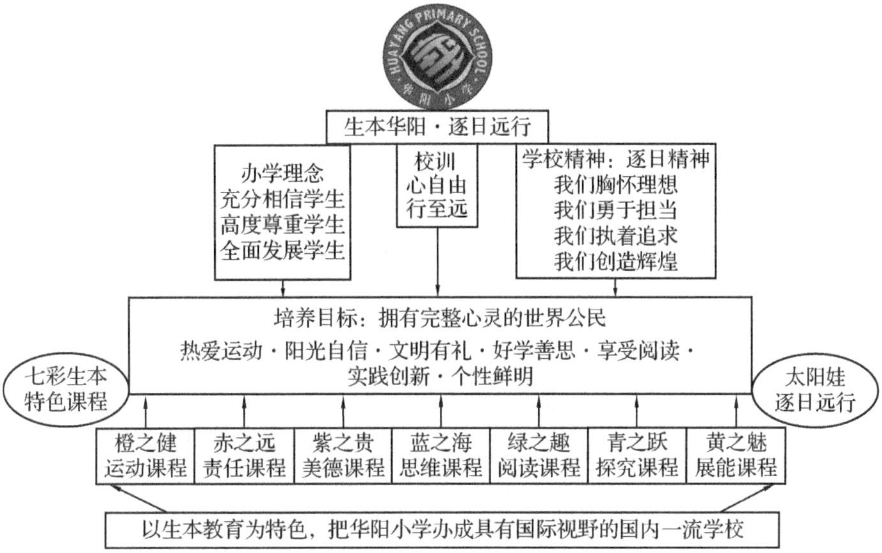

华阳小学“生本远行”架构图

“充分相信学生，高度尊重学生，全面发展学生”是学校的育人理念，这意味着华阳小学的生本教育是一种以学生发展为本，充分相信学生而让学生自信自立，高度尊重学生而让学生自尊自爱，全面发展学生而让学生自优自成的校本教育。

以“心自由，行至远”为校训，意味着华阳小学孕育着生命的积极姿态和成长力量，人人因身心的自由与解放而潜能迸发，生命之花自然绽放。

以“朝气、灵气、大气”为校风，意味着华阳小学倡行的是朝气蓬勃、灵动活泼、胸怀广阔的校园风气。

以“亦师亦友，唯实唯真”为教风，意味着华阳小学的教师尊重学生生命的价值，积极引导学生发展，与学生携手共同成长；尊重教育教学规律，讲求实效，追求真谛。

以“乐参与，勤思考，勇超越”为学风，意味着华阳小学践行的生本教育是要促使学生具有强烈的自我意识，积极学习，勤于思考，勇于超越，不断获得成功的体验。

以“我们胸怀理想，我们勇于担当，我们执着追求，我们创造辉煌”的“逐日远行”精神为学校精神，意味着华阳师生以逐日的群体意识和精神力量，在共生自立中有理想，敢担当，乐追求，不断创造“心自由，行至远”的辉煌。

以“拥有完整心灵的世界公民”为培养目标，意味着华阳小学的学子热爱运动、阳光自信、文明有礼、乐学善思、享受阅读、实践创新、个性鲜明。

以“七彩课程，焕发生命风采”为课程理念，意味着华阳小学的课程以阳光般七彩的炫丽滋养着每一个学生，让他们焕发出生命自由而奔放的多样风采。

“把学校办成具有国际视野的国内一流学校”是学校发展的远景目标。

华阳小学以此全面勾勒、系统铺排成“生本华阳，逐日远行”的办学特色体系，并被评为广州市首批特色学校。

载梦远航的“华阳号”

事实上，华阳以生为本的教育理念在每一个细节上都有所体现，尤其是对学生特长、才艺和亮点的发现、呵护和培养上。就这样，一个男孩和一个体系联系在了一起。今天，华阳小学给千万个“常骏祥”以自由发展的空间；明天，他们就能将新文明的希望带给社会。因为教育不是为了过去，也不是为了现在，而是为了将来。华阳小学因为心怀“心自由”的教育信仰，所以为儿童创设了最宽松的教育环境；因为坚信“心自由”能为生命带来无限发展的可能，所以选择了最能促进儿童生长的教育行为；因为具备“行至远”的世界眼光，所以引领儿童行走于广袤的天地。

3. 一首歌：一个声音，一个梦想

“我向着太阳奔跑，梦想在心中萦绕，就算偶尔跌倒，都不重要，我用我的汗水向明天问好……”这是一首歌，华阳小学的校歌，歌名叫作《向着太阳奔跑》，它的作者是梅占峰。

众所周知，校歌是学校精神文化的重要组成部分。对内，校歌是一种号召和激励；对外，校歌又是一种形象展示和梦想宣言。它既反映教育者的理想、要求和愿望，又表达受教育者的感受、追求和心声。

既然一个男孩可以和学校的文化体系联系在一起，那么，另一个男孩当然也可以和学校的校歌联系在一起。

向着太阳奔跑

梅占峰

“我向着太阳奔跑，梦想在心中萦绕，就算偶尔跌倒，都不重要，我用我的汗水向明天问好……”当我在毕业典礼上唱着我为学校创作的校歌《向着太阳奔跑》时，眼前浮现出我在华阳生活的点点滴滴。

妈妈说我两岁多的时候就能完整地唱完《波斯猫》；第一次坐在琴凳上时，我才三岁九个月，双脚要踩在小凳子上才可以坐稳弹琴，但琴谱上的“小蝌蚪”好像与我有缘，我很快就认识了它们，琴声就像一个个沁人心脾的小精灵，悄悄地溜进我的耳朵，一次又一次地触碰着我的心

灵。音乐，总是能使我心起涟漪。

进入华阳小学之后，老师们跟妈妈一样鼓励我的音乐特长，我参加了很多比赛，拿了很多奖。2012年华阳小学20周年校庆，我在天河体育馆流光溢彩的舞台上，带领我们班的小伙伴们载歌载舞演唱了《童年》，随着最后一个音符的飘落，迎接我们的是热烈的掌声和欢呼声……

2014年6月，我收到了来自中央电视台音乐频道的邀请函，让我去北京参加第一季《音乐优等生》节目录制，那可是在全国热爱音乐的青少年中征选的，我是广东地区的唯一代表，我非常珍惜这个机会。在自我展示环节中，我尽情展现了我的数学才能，轻松背出圆周率小数点后47位。出色的表现和演唱赢得了嘉宾老师和全场观众的阵阵掌声，我获得了中央电视台"音乐优等生"称号。同年八月我再次收到中央台邀请函，飞赴北京录制国庆特别节目《放歌新中国》晚会。在化妆间，我还遇到了我们华阳小学第一届毕业生，著名音乐人、歌手常石磊哥哥，好开心啊，原来我们录的是同一台晚会，真有缘！

我们学校有个乐团叫"华阳现代乐团"，是目前全国小学中规模最大的混编乐团。我是乐团刚组建就在里面的老队员了，当时校乐团、合唱队、田径队都想让我去，我分身无术，不过还是听从了心的指引——最爱乐团。不管学习多忙我都坚持去乐团排练。功夫不负有心人，我们乐团四十个小伙伴在指挥郑海洋老师的辛勤指导和乐团顾问朱燕雯老师的大力协助下，勇夺"广东省中小学生器乐大赛"的一等奖，这是我校艺术类比赛历年来获得的最高奖项。

2015年3月，世界顶级音乐大师雅尼在广州开音乐会，他得知广州有这样一支平均年龄只有10岁的高水平的混编乐团，小小年纪就能演奏他的作品《圣托里尼》，非常了不起。在演出前接见了我这个键盘首席和其他几位乐团代表。能和雅尼大师面对面地交流是我这辈子非常难忘的事。

那年夏天，我们蹦蹦跳跳走进校园；今年夏天，我们伤心流泪不舍留恋……

在毕业之际，我想送给母校一个礼物——一首阳光励志的校歌。感谢在“心自由，行至远”校训下的那七个可爱的“太阳娃”，是你们给了我创作的灵感，我们每一个华阳学子都是这七个“太阳娃”的化身……

感谢母校的培养教导，感谢母校以生为本的教学理念，让我把我的第一首原创歌曲留给了母校，让我把稚嫩的童声留在了母校！

母校的爱将伴着我一路——向着太阳奔跑！

梅占峰同学在中央电视台演绎校歌
《向着太阳奔跑》

如今，每当校歌的旋律响起，梅占峰就仿佛看见华阳小学的莘莘学子正向着太阳奔跑，向着光明和希望奔跑；每当《向着太阳奔跑》的旋律响起，梅占峰的声音就化为十个声音、百个声音、千个声音，而这些声音也都汇成一个声音，因为向着太阳奔跑，这是华阳人共有的姿态，共有的精神，共有的梦想。

(二)“太阳娃”自由成长

校园是培养人、教育人的地方，校园的物质环境通过潜移默化的熏陶和润物无声的启迪对学生起着培养和教育的作用。“生本”华阳始终坚持“创造适合孩子自然成长的教育环境”，以“满足学生自然成长需要，激扬学生生命”为行为准则，致力于生本教育的校本化环境构建。

进入校园，首先映入眼帘的是榕树下的“太阳娃”自主广场，七个活泼可爱的“太阳娃”意味着华阳小学的学子热爱运动、阳光自信、文明有礼、好学善思、享受阅读、实践创新、个性鲜明。其他别具一格的特色景观也不可胜数，如“七彩生本文化长廊”呼应着学校“七彩生本”特色课程的七项培养目标，“自由广场”是学生们学习之余放松玩耍的好地方，学校博物馆蕴藏着丰富而厚重的华阳历史，还有校训浮雕、七彩长廊、校门等，这一切都在行无声之教，激励华阳学子执着追求，奋发向上，创造美好未来。

1. 赤橙黄绿青蓝紫，谁人不知“太阳娃”

在天河东校区茂密繁盛的大榕树下，在林和东校区现代大气的“心自由，行至远”的校训之下，七个可爱的“太阳娃”光彩熠熠地站立着，自信饱满地迎接着每一位教师、每一个学生、每一位客人。

“太阳娃”是华阳学子的形象代表。看他们，头顶太阳光芒，身着七彩靓衣，红领巾迎风飘动，校徽精致醒目。他们或奔跑，或驻足，举手投足间尽显阳光自信，澄澈双眸中尽展文明睿智，萌萌的外表下是丰富的涵养。“太阳娃”与华阳小学的每一位师生一起，共同经历，共同成长，共铸辉煌。

“太阳娃”的设计者是美术老师陈超，这是一个阳光自信、富有童心的大男孩。那是2013学年第一学期的一天，周洁校长和江赵梅副校长约美术科组共商发展大事。座谈中，周校长期待地说，华阳小学现在已经有了七彩系列课程，如果能够根据这些七彩课程设计出我们独特的吉祥物形象，那将是多么意义重大的事情啊！这一番话触动了素有动漫设计专长的陈超，虽是刚来学校不久，但他已经融入在学校积极快乐的文化氛围中，学校领导和教师们推动生本教育的爱心和责任心一直感动着他，让他深深地叹服，也深深地认同，陈超渴望为华阳尽一份力。他主动请缨，承担起这个设计任务。

为了设计出能够真正表达华阳精神和华阳文化的形象，他更加留心身边的每一位教师，更加注意身边的每一个学生。是的，每一个华阳人，身上都有着积极乐观、追求上进的一股劲儿。在寻找合适的吉祥物形象时，陈超有一次陷入了思索：动物形象？植物形象？对了！是孩子形象！华阳的生本教育是面向每一个学生，充分相信学生，高度尊重学生，全面发展学生的教育，孩子正是华阳生本教育的体现。孩子的精神风貌正是华阳生本教育的精神风貌，就用儿童的卡通形象！思路通畅之后，灵感产生了。学校领导和教师们也提供了许多帮助和建议。经过反复涂画和擦改，这七个头顶太阳光芒，外貌萌萌的"太阳娃"终于诞生了。

"这么可爱的'太阳娃'分别叫什么名字啊?"一个一年级的学生仰起稚气的脸问陈超。是哦，每个"太阳娃"都应该有自己的名字。谁来取名字？当然还是学生！学校给每个学生印发了一张"我给太阳娃起名字"的表格，充分发挥学生的智慧。学生们雀跃不已，把给"太阳娃"起名字作为一件大事。一张张表格上交后，学校进行了统计，最终确定了七个"太阳娃"的名字：橙色的是热爱运动的活力娃，红色的是阳光自信的阳光娃，紫色的是文明有礼的美德娃，蓝色的是好学善思的好学娃，绿色的是享受阅读的悦读娃，青色的是实践创新的探索娃，黄色的是个性鲜明的追梦娃。

陈超设计出了太阳娃，他被学生们亲切地称为"太阳娃之父"。在华阳小学，"太阳娃"的形象深入每个学生的心灵，学生们已经忘乎所以地爱上了这七个可爱的娃娃。陈超的师傅吴丽红老师和美术科组的科组长张惠丽老师在美术课上教学生使用超轻彩泥制作了"太阳娃"，各个个性十足，妙趣横生。恰逢有美国访问团来学校参观，美术科组用漂亮的透明盒子包装好，把学生们亲手制作的太阳娃送给了这些远道而来的宾客。来宾们拿着礼物，仔细端详，神采飞扬，向可爱的学生们伸出大拇指说："Very good!"

承载着逐日精神的"太阳娃"，有梦想有追求的华阳人，在华阳这块沃土上一起成长！

“太阳娃之父”陈超老师与华阳学子在一起

2. 自由广场，让梦飞扬

“心自由，行至远”是华阳小学的校训，也是学校生本校园文化环境构建的依据。学校空间虽然不大，但心的空间却可以无限的大。蒙台梭利说：没有自由就没有儿童真正的成长。为了儿童生命的自由解放与积极成长，华阳在校园内开辟各种平台，创造各种机会，自由广场就是最能代表学校办学理念的平台之一。

几组简单的浮雕，几个挥洒自如的大字，构成了华阳小学的自由广场。犹如一幅留白的画卷，简单涂抹却可以自由想象；犹如一个开放的舞台，未经装饰却可以自由舞蹈；犹如一片肥沃的土壤，播撒梦想就可以生根发芽——在这里，儿童的天性得以细心呵护，成长的空间得以无限扩大。

只要是符合学生天性的，不伤害自己、他人和环境的事情，都有可能在自由广场上演，学校也都会给予支持。正如周洁校长所言：“华阳小学因为有对个性的承认，对独立的认可，所以给予学生的自由不仅仅是空间的，更是心灵的、精神的。我们希望学生们在自然、自由的空气中，按照自身的节律生长，做自己生命的主人。”

一种自由的理念，催生一种自由的管理，造就一所自由的学校。自由广场，让梦飞扬！在学校的鼓励下，学生们把这里作为交换空间，以物易物的古老交易方式，穿过数千年的时光长廊，以一种时尚、新潮的姿态在华阳小学华丽亮相。在教师的指点下，学生们还把这里作为展示空间，组织各种演出活动，亮出自己的风采。

2015 年 6 月 25 日，华阳小学红领巾管乐团
在自由广场进行首场演出

一群人——一群有志于教育的教师，一群着力于成长的学生；一个空间——有各种各样的场馆和设施，有各种各样的平台和活动，这就构成了一所学校，一所学校中我们看得见的外观，看得见的活动，看得见的显性存在。

以生为本，大爱无形——一种贯穿于学校办学过程中的价值理念，一种渗透于校园时时处处的文化追求，这同样构成一所学校，一所学校中我们看不见的内在，看不见的特色，看不见的隐性存在。

但久而久之，以坚韧不拔的追求，以持之以恒的建设，内在的隐性存在会外化为显性存在，学校的行为和业绩会型塑学校的面貌、气质、品位和格调。华阳就是如此，通过生本教育的路径选择，通过以生本教育为核心，与生本教育的实施融为一体、形成特色的师资团队建设和学校文化建设。在 24 年的办学历程中，华阳人的理想和追求、华阳人的情怀和智慧都得到实现。如今，华阳小学正日益走上高远开阔之境，日益成就卓尔不凡之业。

第二章

华辉：呵护天性，激扬生命

什么是道德？在中国古人看来，“天命之谓性，率性之谓道，修道之谓教。”(《中庸》)“天地之大德曰生。”(《周易》)也就是说，道是自然规律，是人与生俱来的生命本性，德就是对道德规律的遵循，对生命的呵护与尊重。德首先是一种天性，再次外化和表现在人的行为上，即德行。

是的，人类先天便具有道德和灵性的种子，正如意大利教育家蒙台梭利所说：“人的第一意识不是后天给予的，而是先天存在的。”“儿童存在着与生俱来的‘内在生命力’或‘内在潜能’。”这种生命力即“天性”，是积极的、活动的、发展着的存在，具有无穷无尽的力量。作为教育者，我们无需外在地将意识、观念等植入学生的头脑，我们只需为学生天性的种子灌溉和施肥，让它如期绽放，结出果实。华阳人认为，教育应当以人的天性为前提，顺应儿童的天性，应当采择符合儿童天性的内容并以适当方式传递给儿童。教育应当不断改变和调适自身，以使自身适合人的天性的表达和成长的需要。

因此，华阳小学将“呵护天性，引导行为”作为学校的德育理念，以爱、信任、尊重、宽容、智慧为引领，开展了一系列符合学生天性的德育工作，以呵护天性为前提引导学生们养成良好的行为习惯，让学生成为“富翁”。在德行的发扬蹈厉和日积月累中，学生们生命激扬，积极向上，快乐成长。

英姿飒爽的少先队员护旗手

一、德育有场

学校是培养人才亦实施教书育人行为、发挥教书育人功能的专门场所。学校德育是对学生进行思想、政治、道德和心理品质的教育，是教育者按照一定的社会或阶级要求，有目的、有计划、有系统地对受教育者施加思想、政治和道德等方面的影响，并通过受教育者积极的认识、体验与践行，以使其形成一定社会与阶级所需要的品德的教育活动，即教育者有目的地培养受教育者品德的活动。

“培养德智体美全面发展的社会主义建设者和接班人。”这是《国家中长期教育改革和发展规划纲要(2010—2020 年)》指导思想中对学校教育人才培养目标的表述，其中，道德要求居于首位。因此，道德教育在学校教育中也具有首位重要性。

华阳小学对德育工作极其重视，按照以生为本的教育理念和教育路径，华阳确立了“呵护天性，引导行为”的德育理念，并充分调动华阳人的华阳情怀、华阳智慧和华阳精神，让理念完全落地，得到很好的实施。

(一)呵护德行的种子

对于天性中便生长着德行种子的学生们来说，德育不应该是生硬的教条，不应该是冷漠的要求，更不应该是机械的惩戒，德育应该是心对心的呼唤，灵魂与灵魂的互感，爱与爱的渗透。华阳人是这样想的，也是这样做的。

1. 我们的约定

对于大多数学校来说，约束学生行为的方法之一是制定一系列的规则，强制性地要求学生遵照执行。在华阳人看来，规则是一种惩罚性的条款，它是冷硬的，让人不得不去遵守，在规则面前，人是被动的，因此，规则并不符合华阳人对教育的理解，也不符合华阳以生为本的教育特色，如何既能呵护学生的天性，又能引导学生的行为呢？智慧的华阳人用的是——我们的约定。

与学生一起吃午饭

中午放学后，在校搭食的学生拿好了饭盒回到座位上安静吃饭。

小敏没有像其他同学一样，而是来到曹定金老师的办公室。

她走到曹老师的身旁，轻声朗读起来："白日依山尽，黄河……黄河入海流，欲穷……欲穷千里目，更上一层楼。"清脆的声音在办公室里响起。

曹老师微笑着说："背完了？我觉得这么美的古诗，如果小敏把它背得更加流畅的话，一定会很好听的，你说呢？"

"嗯！"小女孩重重地点头，于是又大声背了一遍，顺畅、流利，充满感情。

曹老师竖起大拇指说："真好听！好了，你把饭盒拿过来吧。"

"耶！"小敏高兴地叫起来，欢快地跑出门去。

原来，曹老师为了鼓励小敏爱上背诵，跟她约定：如果她背诵完古诗或课文，中午就可以跟老师一起吃饭。

小敏高高兴兴地完成了任务，老师高高兴兴地履行了约定。

很多教师敦促学生背诵课文，采取的办法是强制性的要求甚至逼迫，学生没有完成就留堂或者告知家长，要求家长跟进孩子的学习等。这样或许也能让学生完成任务，但它是一种强迫性的教育，不受学生欢迎，也不能从内而外地激发学生的学习热情。曹老师以"我们的约定"这种奖励方式让学生积极主动地去背诵古诗，抓住了学生的心理特点，满足了学生的要求，这也是教师人格魅力的展现，是教育中的"大智慧"。

今天妈妈来接你

彭桂英老师刚走进课室，几个学生就跑过来叽叽喳喳地嚷开了："彭老师，小航又不见了。"

彭老师头疼地抚额，这已经是本周第三次了，小航又逃课。

下午放学后，彭老师约见了小航的爸爸，开门见山地说："无论你们大人间有什么问题，小孩子是无辜的，他必须见他妈妈，你们不能剥夺他见妈妈的权利。"

小航爸爸眉头深锁，叹了口气说："可是我父亲不让他们见面，我实在是很难做。"

"如果这样的话，我们就不让你父亲知道这件事，你一定要知道孩子近期的这些行为跟家庭环境有关，再这样下去，后果会更严重。"

思量了许久，小航爸爸终于点头："那就这样吧，以后中午让他妈妈来接他回去，但是，这事千万不能让我爸知道。"

第二天，彭老师对小航说："小航，今天中午老师让你妈妈来接你回去。"

小航眼睛一亮，大声说："真的吗？"

"真的。"彭老师摸摸他的头说，"但是，你得跟老师拉钩，以后不能再逃课了，上课还要好好听讲。"

小航不停地点头，眼里闪着泪光，他贴近彭老师小声地说："彭老师，我跟妈妈见面这件事作为我们的小秘密好吗？千万不能让我爷爷知道。"

彭老师眼睛也湿了，说："对，这是我们的小秘密。"

孩子的教育与家庭环境有莫大的关系，婚姻家庭的破裂，受伤害最大的往往是孩子，幼小的心灵无法承受父母分开的现实，孩子感觉自己被遗弃了，这时候家长如果不及时与孩子进行沟通，孩子就会把自己的内心封闭起来，悲伤、易怒，行为上也会出现一些反常的情况，如不听教导、学习散漫等。

教育中有的事情是教师无法做到的，需要家庭的介入，如家庭破裂的孩子对父母之爱的渴求。教师要想帮助这样的学生，需要从父母方面着手，要让父母共同关注孩子的内心，让孩子感受到爸爸妈妈都是爱自己的。

因为深深爱着自己的学生，也因为无穷无尽的教育智慧，华阳教师在教育的过程中总是充分利用父母对孩子的爱和孩子对父母的爱，家校携手，将亲子之爱的教育功能发挥到最佳状态。

华阳的家校携手、家校合作不仅仅只是体现在一些具体的做法上，一些相应的活动中，而是达成了一种思想的共识、理念的认同。“我们的约定”就得到了华阳家长的认同，在纠正和引导孩子的行为习惯时，他们也和华阳教师一样，尊重孩子，通过事先约定，启动他们天性中内在的约束感和荣誉感，获得了很好的效果。

显然，和规则相比，“约定”教育通过劝导达成教育的目的，它是一个教育者用心去帮助需要帮助的人，是一种温暖人心的“爱的教育”。通过“我们的约定”，教育者与受教育者这两个基本要素的关系改变了，教师帮助学生，而不是要求他们。教师、家长和学生同心、同行、同乐，由教育与被教育关系转向相互教育关系，由单向影响转为双向交往，教师从“独奏者”变为“伴奏者”。师生、家校在这种新的合作关系中共同成长，“约定”教育让教育多了人文性，也强化了有效性。

2. 项目认领活动

项目认领活动也是华阳德育的特色活动和特色成果之一。在江赵梅副校长的倡导下，该活动具体的实施方略是：学校设计各种招募项目，由学生根据兴趣自由组合，自主认领，自主管理，共同完成任务。项目认领活动让学生积极发挥主动性，并在亲身参与的过程中不断产生新经验、新认识，获得新感受、新收获，促进学生的自我成长，并由此发展学生适应自然与社会的能力，形成符合社会要求的道德规范，是一种行之有效的个性化教育方式。

“红领巾广播现在开始！现在播报一则招聘广告：华阳小学大队部自主管理基地现向全校各中队招募管理团队，有意愿的中队，请派中队委到大队部进行现场认领。”广告一播出，各中队纷纷派出智囊团去现场考察认领。六一中队认领了楼道管理工作，调皮的宇哲成了负责人。下课了，宇哲在楼道上巡视，看见地上有一张废纸，赶紧走过去，捡起废纸扔到垃圾桶里。“冲啊，冲啊……”宇哲和一群男孩在楼道上玩枪战游戏，开心极了。大队长瑶瑶看见了，对宇哲说：“听说你是楼道管理员?”宇哲一愣，忙停下脚步，对领头的大个子说：“别跑了，楼道是我们班的自主管理基地。”大个子男孩停下了脚步，和宇哲在楼道上继续巡视着。宇哲说：“看来，我们得好好约束自己，不能在楼道中追逐打闹，否则，我就会从楼道管理员‘下岗’了。”“没错，没错!”大个子男孩点点头。上课铃响了，他们一起回课室上课去了。

清晨，和煦的微风吹拂着，两个小女孩一蹦一跳地往学校走去。“小丽，你知道吗，美国教育考察团下周要来我们学校考察了。”“难怪，我看我们班的几个英语高手正在准备导游词呢。走，我们也去报名。”两个小女孩赶紧往英语老师办公室走去。

“你好，这是我们学校的博物馆，我们学校成立于1992年，虽然只有24年的历史，但是……”小丽彬彬有礼地用英语向外宾介绍着，外宾听了频频点头，不住地竖起大拇指。小丽高兴地说：“谢谢您的夸奖，欢迎您的再次光临。”小丽的脸因为兴奋变得红扑扑了，她拍拍胸口默默地对自己说：我能用英语向外宾介绍自己的学校，真是太骄傲了！以后，我要多听，多看，多说，争取更多的机会展示自己。

吃完饭，子艺妈妈按惯例打开了女儿班级的QQ群，浏览起班级公告。一则班会活动认领的消息吸引了子艺妈妈的眼球，她打开文件认真地阅读起来。原来，班主任魏老师将本学期的班会活动安排上传到了群共享，让家长们根据自己的兴趣特点及时间安排，认领相关的班会主题，并组织班级学生开展班会活动。子艺妈妈继续看着文件，她想：“子艺的自我管理能力差，我提醒她，她总是不愿意接受，何不趁这机会，既教育子艺，又帮助全班的小朋友呢？家校共同参与班级管理的办法真不错，我赶紧报名。”于是，子艺妈妈在QQ群上跟帖报名。

项目认领活动不仅局限在校园的场域里，也跨越了围墙的限制，延伸到了家庭和社会，这种新颖活泼、富有特色的德育方法，贴近孩子的生活实际，挖掘和释放他们的潜能，为孩子成长和发展提供了足够的土壤、空气和阳光。

(二)我是美德“小富翁”

“人之初，性本善。”我们每个人都是怀着一颗善心，带着一对行善的翅膀来到这美丽的世界。德行是人类与生俱来的天性，是心灵天生携带的种子。

“性相近，习相远。”性灵的种了同一，但行为的习惯却并不相同，原因是后天的成长条件有所不同。

古人说：“勿以善小而不为。”今人说：“日行一善，给身边的人温暖，让自己的内心快乐。”是的，人的善良不能仅存于内心，道德应该是一种实践，即我们所说的德行。生活中有许许多多的小事，只要随手做来，便是一种善行，世界往往会因为人的举手之劳，而变得更加美好。

华阳小学的德育实践，除了以呵护学生德行的种子为起点和特色之外，还采取了一系列鼓励德行的措施。在华阳，每到月底，总能看到这样的画面：三五个学生拿着一个小本子，凑到一块，相互比对着什么；每个班的门前都贴着一棵怒放的“美德树”，树上一张张笑脸洋溢着自豪，原来他们是当月的“十大美德小富翁”。

1. 银行——为成长存下道德金币

华阳小学“小太阳美德成长银行”成立于2013年3月11日，由天河东和林和东两个校区总行构成，58个班级各设一个分行。每一位华阳学生入读华阳的第一天就会得到一本“小太阳美德存折”，人手一本，全校通用，学生随身保管好。每位教师看到学生好的行为或不好行为时，都有职责进行鼓励或批评，并根据统一的标准在学生的“存折本”上奖励或扣掉学生相应行为的美德资金，让学生每时每刻都在被关注中成长。每月各班结算一次，按美德资金的数量，选取前十名，由学校授予“美德小富翁”称号。同时，每个班级也是美德成长银行的分行，可由学生和班主任根据本班的实际情况，共同制定实施准则，增设币种，对美德银行进行“经营管理”。

其中，原三(7)班“美德分行”开办得尤为红火。班主任吴嘉玲老师和班级家委会成员根据学校提出的“拥有健全心灵的世界公民”的培养目标和本班班情，共同设计了独具班级特色的美德币，对孩子们的优秀行为表现给予奖励。美德币分为：阳光自信币、文明礼貌币、好学善思币、热爱运动币、个性鲜明币、快乐阅读币、自主管理币、乐于助人币和家务能手币。订立了符合班情的实施准则后，美德币开始配合“美德银行成长存折”在班内流通使用。

“小太阳美德成长银行”真正把德育的主动权让给学生，让学生自己管理自己，自己教育自己，让学生在贴近他们社会生活的情境下，储蓄自己的“健全心灵”。“小太阳美德成长银行”模式的良性运作，使教师、学生、学校和家庭都是得益者。

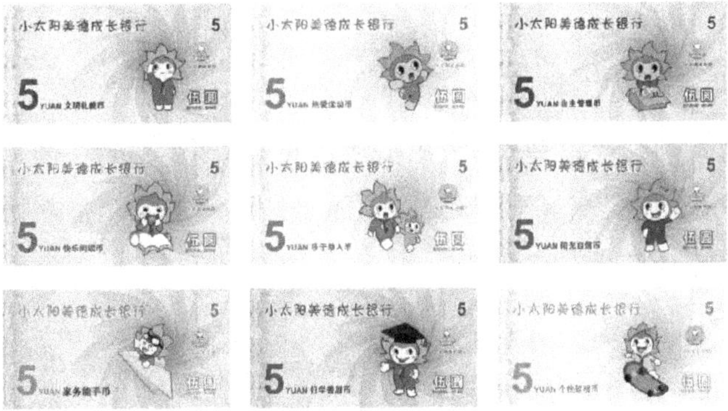

2. 教师眼中的“美德银行”

作为班主任的我，在教育孩子的工作中经常遇到一系列的问题，如学生上学迟到、大课间忘带体育用品、教室卫生保洁不到位……这些又细又小的琐事常常让我焦头烂额，这次提醒学生，但懵懂的学生下次又忘记，每天像复读机那样重复地“唠叨”着，效果却似乎不明显。恰巧学校开展了“小太阳美德成长银行”活动，我何不借着“美德银行”作为媒介管理班级呢？

上学迟到是我们班的“老大难”问题。过去，每到8：10铃声响起，总有学生慢悠悠地走进教室。我是看在眼里，急在心里。问起为什么迟到，学生们总有各种各样的理由，起床晚了，吃早餐慢了，堵车了……很多的教育方式都尝试过，但效果不能持久，过一段时间又“死灰复燃”。

跟孩子们沟通协商后，我们班的“美德银行”管理条例多了一条这样的规定：没能在8：10铃声响起之前进入教室的同学，要扣除他们的美德币，每天1元；如果一周全勤，则可以获得2元的自主管理币作为奖励。在美德币的激励作用下，班上出现了可喜的局面，几乎没有学生迟到，良好的行为习惯在不经意间慢慢形成了。

就这样，一条条“美德银行”管理条例应运而生。除了按时上学，美德币在培养学生行为和学习习惯的各个方面都起到了不可磨灭的激励作用，成为我班级管理的法宝。

——班主任吴嘉玲

3. 学生心里的“美德银行”

每一位华阳学生都是“小太阳美德成长银行”的光荣小储户。每个月月底，各分行的“美德首富”都会脱颖而出，而每一位小富翁都积攒了很多自己的美德小故事。

告诉你们一个好消息，我光荣地当选为我们班这个学期的六月美德“小富翁”了。

自从领了这个储蓄本，我好像脱胎换骨地变了一个人。在班上积极捐纸捐书，帮老师派发试卷，就可以获得乐于助人币；上课主动发言，作业认真完成，10个A^+换一张表扬信，3张表扬信换一个免作业单，这样好学善思币也可轻松获得；最好玩的是我们班规定在半个小时内吃完饭，9：30完成作业，10：30准时睡觉也能获得一个自主管理币，我从此改正了拖拉懒散的坏习惯，作息时间也变得有规律了。不仅如此，因为这个小本本，我变成了一个小暖男。

记得有一次放学回家，我看见妈妈疲惫不堪的样子，便主动拿起锅铲帮妈妈炒菜。妈妈夸赞我是个孝顺懂事的乖孩子，便在小本本上记录了我当天完成的家务，我心里喜滋滋的，因为我又获得了家务能手币啊！想不到吧！我就是这样为自己“赚钱”的。我要感谢学校这个“美德银行”，因为你，我们茁壮成长！因为你，我们自由绽放！

——温羽(现华阳小学少先队副大队长)

4. 家长口中的“美德银行”

孩子点滴的进步，离不开教师们正确的引导、有效的激励。“美德银行”就是引导和激励的好办法，孩子们不但买账，而且很是受用。为什么会有这种效果呢？一个重要的原因，这套“美德银行”美德币奖励方法内容丰富，涉及孩子们成长的方方面面。这些美德币的设立其实就是华阳生本教育的细化。

一套好的方法并不一定总能取得好的结果。这套方法还有一个特点，那就是老师、孩子和父母之间的亲密互动。这在家务能手币和自主管理币上得到了最好的体现。如何让孩子学会独立，懂得感恩，这是老师和父母每天都在考虑的问题。从力所能及的家务做起，从每天需要做的作业做起，自己的事情自己负责，这就是最好的方法之一。老师、家长和孩子相互鼓励，相互监督，坚持做到“8：00前到校，8：05交齐所有作业”“吃饭半小时以内”诸如此类的点滴琐碎小事，我们就能够让孩子们学会人生最重要的习惯和美德。这不正是老子提出来的“天下难事必做于易，天下大事必做于细”吗？

——瞿宇杰妈妈郭瑞萍

(三)见证奇迹的德育场

在自然界中，生命是一个奇迹；在人类社会，所有为人父母者都会毫不犹豫地认同：孩子是自己生命中最神秘的创造、最伟大的奇迹。不断创造奇迹，见证奇迹，是华阳“呵护天性”德育实践中对生命的鼓舞和激扬，不要让最伟大的生命奇迹陷入慵懒，沦为平庸。除了营建学校教育场之外，华阳人还以最积极的活力、最充沛的智慧营造着一个个见证奇迹的德育场。

1. 班级德育场

班级是学校的基本单位，也是学校行政管理的最基层组织，整个学校教育功能的发挥主要是在班级活动中实现的。班级教学是现代教育的主要形态。早在 1632 年，捷克教育家夸美纽斯就出版了《大教学论》，形成了班级授课制的系统化理论。班级是学校为实现一定的教育目的，将年龄相同、文化程度大体相同的学生按一定的人数规模建立起来的教育组织，一个班级通常是由一位或几位学科教师与一群学生共同组成。班级不仅是学生接受教育的场所，也是学生进行自我教育的场所。

在“呵护天性，引导行为”的德育理念指引下，借助学校德育阵地，华阳小学的各个班级纷纷开展既符合学校要求，又体现班级特色，具有教育意义的德育活动，从而发掘学生自身蕴藏着的丰富的发展内涵与价值，唤醒学生天生向上、向善的精神，让真善美在华阳学生心中根植并依靠自身感悟的良好德行走上希望和幸福的人生之路。李峥姝老师带领的“先行者中队”和曹定金老师带领的“30 号课室”便是华阳小学具有代表性的班级德育场。

(1)永远的“先行者中队”

名字缘起

“李老师，我们现在是一(2)班，是不是到了二年级就是二(2)班啦?”一个胖嘟嘟的小男孩下课后追着我问。

“那当然啦，你升级啦，是二年级的小哥哥啦，难道不好吗?”李老师以为自己的答案会让这个心事重重的小男生满意。

谁知，他哇的一声哭起来：“那我永远也没有一(2)班了，我喜欢一(2)班，我要永远待在一(2)班。”

小男孩的心事启发了李老师，她决定把这个困惑放到班会上讨论。

“老师，给我们班起一个名字，我们六年都用这个名字，我们就永远不分开啦！”

多好的建议啊，多聪明的孩子啊！

班里一下子炸开了锅，孩子们的眉头舒展开来，小嘴巴得意地往上翘。

李老师问：“那我们给班级起一个什么名字呢？”

孩子们收回兴奋，又开始皱起眉头，绞尽脑汁给自己的“宝宝”——2班起名字了，那认真劲儿像爸爸妈妈给自己的孩子起名字一样。

一个个有趣的名字从孩子们的嘴巴里蹦出来，那么鲜活，那么有生命力。这时，一个胆怯的小男生讲出来的名字让全班同学振奋：“老……师……，我们班叫……先行者，怎么样？”

教室里立即响起雷鸣般的掌声。

“好啊，好啊，老师，先行者是‘喜羊羊’里的一个很好的正面角色。”

“我们也要像‘先行者’那样，做好榜样，样样先行！”

为爱光头——公益我们先行

从“先行者”这个响亮的名字确定下来的那天起，“先行者”中队的每一个孩子都用行动履行着团队的誓言，人人先行，时时先行，事事先行。

2013年10月，华阳小学组织学生参与广州金丝带特殊儿童家长互助中心组织的“和你一样，为爱光头”系列爱心活动。“先行者”中队24名小男生，为了鼓励和支持那些因为生病而掉头发的患病儿童，为爱先行，勇敢光头，引起了社会的极大关注。在竞拍活动中，“先行者”中队的一位热心家长现场竞拍了两幅患病儿童的绘画作品，共捐善款25000元，在孩子的影响下，家长也成了社会公益的先行者。

光头行动在《羊城晚报》以及广州电视台、广东电视台等多个主流媒体上报道，一时之间，处处传诵着先行者们的纯真，传诵着先行者们的友爱，传诵着先行者们的先行……

2013年11月4日，华阳小学在升旗仪式上举行了一个简短但又隆重的表彰仪式，学校特意定制了24个代表荣耀和自豪的漂亮小胸卡——2013“为爱光头”华阳小学光头小天使，让爱心小天使们备感自豪。

“和你一样，为爱光头”公益活动现场

送课下班——互助我们先行

那天，金金和玉玉主持了一节精彩的班会课——热爱祖国。老师的表扬让害羞的她们涨红了脸，但也让她们自信大方地挺起了胸。主持班会锻炼了她们，也改变了她们。

晚上，李老师通过电话与家长分享孩子们成长的喜悦，妈妈非常感谢老师和集体给予孩子们的支持和鼓励。末了，妈妈说：“李老师，我们自己觉得‘热爱祖国’的PPT做得很好，如果可以的话，让金金和玉玉把这节班会课送到其他班级，我相信会让其他班级的孩子们受益的。”

一语点醒梦中人啊，“先行者”班级这么多优秀的班会课，为什么不让更多的孩子学习和分享呢？独乐乐不如众乐乐啊，先行者班级，走起！

李老师第一时间找到同年级的老师，看他们的课表，安排好上课的学生和课程，“送课下班”活动正式启动。先行者的身影在学校到处流淌，他们送去的不仅仅是知识的力量，更是爱心的体现，是满满的正能量……

共谱核心价值观——时代我们先行

“‘天河区第一届社会主义核心价值观中队课比赛’即将开始，学校征集愿意参加比赛的班级。”当李老师把这个消息告诉孩子们的时候，教室里沸腾了。

班长最先发话：“我们班一定要报名参加，我们可是先行者班级，我们完全有信心、有能力、有实力进入决赛！”

大队长跟着补充：“就是，我们班还第一个接待了来自全国的骨干班主任，我们上的班会课‘世界需要热心肠’非常出色啊！”

“我们还是第一个以班级为单位与香港来的校长和学生一起庆祝‘六一’儿童节的班级！”大家七嘴八舌地补充着。

李老师定定神，慢条斯理地说：“先别激动，我们抽到的主题是‘和谐’，你们打算如何胜出啊？不要打没有准备的仗哦！”

“我们班的熹熹最会编剧了，由她导演一个小品绝对没有问题。”

“我爸爸是电视台的，我去他那里搜集一些关于‘和谐’的视频，这个任务交给我吧！”

“主持人一定要打出我们班的‘王牌’，卢俊羽和何昕艺在大队委的竞选中过五关斩六将，力挫群雄，登上大队长的宝座，这次的主持人非他们两个莫属啦！”

“可以请舞蹈仙子淳淳为我们编一个‘和谐’的舞蹈吧！”

……

面对着这帮活泼可爱，充满阳光，自信能干的孩子，李老师发自内心地感慨：除了跟他们一样率先报名，第一个去领任务，充分做好榜样外，还能做什么呢？

最终，先行者班级以第一名的成绩获得“天河区第一届社会主义核心价值观中队课比赛”的特等奖。

“天河区第一届社会主义核心价值观中队课比赛”现场

(2)30 号课室，梦开始的地方

教育的最高境界不是给予而是指引。思想有多远，你就能走多远。

在华阳小学有一间学生引以为豪，家长为之骄傲，领导高度赞誉的教室，她就是学校第一个绿色作业班的诞生地——30 号课室。30 号课室的女主人是被同事们称为“老曹”，被学生们称为“曹妈妈”的曹定金老师。这里，有足迹，有奇迹，有情感……在主导和经营 30 号课室的过程中，曹老师见证了许许多多的奇迹，收获了许许多多的感动：

积极的心态，点亮奇迹

现代教育，多了物质、知识、分数的追求，少了精神生活和心灵的建构，我一直梦想打造一个特色教室，把它当家一样来经营，让它形成特有的生态环境和教育磁场。它，就是我的 30 号课室。

良好的心态是点亮奇迹之灯的必备条件。保持乐观心态的人，即使遇到坎坷，也能看到光明的一面，进而鼓舞自己的斗志，克服前进道路上的困难，创造属于自己的奇迹；而心理消极的人，因为整天沉浸在黑暗里，无形中熄灭了奇迹之灯。培养学生的良好心态，及时克服不良心态，让他们心中充满光明，不知不觉中，奇迹之灯就会照亮他们的前程。我决定创办 30 号课室班报，让孩子打开心窗，给孩子飞翔的自由。想法有了，孩子们热烈响应，热点追踪、文采飞扬、学海无涯、英语直通车、画中有话、人物专访等栏目产生，并很快有了各自的主人。各版主各出奇招，开始征稿。

30 号课室的孩子不仅充满智慧，而且充满希望，不断向前。接着，我们与家长一起建立了 30 号课室图书馆，成千套书籍都有了 30 号课室图书专用章。漂流图书在班里掀起了热潮。

30 号课室最有创意的莫过于绿色作业了。“设计课外阅读作业，将多种知识的获得和多种能力的训练有机结合，为学生提供张扬个性和创新的空间，使学生在自主合作探究的学习过程中得到愉悦。”“小故事，大道理”让学生在故事中学会尊重自己，孝顺父母，接纳别人，学会做事，学会做人。这些是作业的目标，同时也是教育的终极目标。“阳光”

总在“风雨”后。从孩子喊“作业多”到孩子给我外号“作业最少”的老师，从孩子抱怨学习累到孩子变得爱学习，从家长质疑到竖起拇指称赞到最后家长的认同，我感受到了风雨过后的阳光。走向“绿色作业”的春天，我乐在其中，并探索在路上。

怒放的生命教育，靠近奇迹

人最宝贵的是生命，教育首先应该关注生命的价值和人性的完善。在华阳小学初涉生命教育实践的基础上，从2004年开始，我坚定不移地开展实践，持之以恒地坚持自己对生命教育的探索与再实践。我在自己的教育教学中践行自己的生命教育、生存教育、生活教育，简称“三生教育”，并在每届学生家长会上把自己的理念与家长沟通，深深地吸引与感动着家长，取得了他们的支持与认同，在平时的生活中与孩子一起执行。

我从让孩子回家“护蛋行动”的体验开始，到如今班级里每个孩子有一棵自己培育的花草即生命之树，“三生教育”帮助孩子们树立了正确的人生观和价值观，我在生命教育之路上付出了思考和精力，也欣赏到了路两旁盛开的鲜花，品尝到了累累的果实。

我们的生命教育是在平时的教育教学中通过主题活动来开展的：

第一，欣赏生命的美好。一年级一入学我就开展班级亲子认识交流会，拉近师生之间，家长与老师之间的距离。我还开展了“乔鑫生态园认识生命的不易”亲子社会实践活动。相关主题班会还有“生命是一个奇迹”“我从哪里来”“感恩生命，善待生命，让生命如诗如画”等。

第二，唤醒生命的意识——品德课的生命教育。在小学课程中，有的学科本身就是生命教育的显性课，课程内容直接与生命教育有关。例如，品德与社会课中“自尊自爱”“遵守交通规则”“爱护环境，保护地球”等。虽然这样的课题并没有冠以生命教育这个主题，但其内容本身就与生命有关，我就以此为契机开展生命教育，弘扬生命的活力。

第三，挖掘生命的素材——体会生命的博大。我们的主题班会涉及“保护环境，珍爱动物”，请学生阅读关于野生动物的短文，了解野生动物的生长环境和生活习性，请学生观看野生动物被捕杀的照片，有意识地唤醒学生热爱自然、敬畏自然与珍惜生命的意识。

第四，提升生命的价值——语文学科中的生命教育。语文学科包含了深厚的文化内涵，语文教学应该是精神享受的过程，也只有在这样的过程中，才能提升生命的质量，实现生命的价值。我是语文教师，我充分利用语文学科的优势，加强生命意识的渗透，使学生认识生命的价值，珍惜生命。在低年级语文课上，我让学生画《小蝌蚪找妈妈》的故事。教学导入时，我让孩子们欣赏动画片《小蝌蚪找妈妈》：幽静的荷塘里，一群可爱的小蝌蚪出世了，但是，“谁是我们的妈妈呢?”于是，一场有趣而感人的寻亲之旅开始了。在小蝌蚪把大眼睛的金鱼、白肚皮的螃蟹、四条腿的乌龟甚至大鲇鱼都误认为妈妈后，它们终于找到了自己的亲妈妈——青蛙。故事是那么动人，尤其开头的那句“青蛙妈妈爱他们，就像妈妈爱我们!”单纯、温暖的话语，让孩子们刻骨铭心。看完动画片，孩子们的创作热情可高了，他们画的小蝌蚪个个栩栩如生，可爱至极。通过生命教育，学生明白了人和动物共同生活在地球上是互相依存的，动物是人类的好朋友，我们要爱护它们。

生命的存在只有在相互关爱中才有意义，也只有在爱他人中，自己的生命才能获得真正的提升。每一次的小组活动，学生进行角色分配，在团结协作、互帮互助的过程中提升生命的价值。在评价学生作品时，我始终以极大的热情鼓励学生不断尝试、不断超越，让学生能够始终保持一种旺盛的创造热情。

跨越“不可能”的桥，见证奇迹

小学课堂是生命教育一个不可多得的平台。在教学中注重唤醒学生的生命意识，引导学生发现生命存在之趣，带领他们感受、欣赏生命的美好。伴随学习的深入和审美经验的积累，引导学生造就一双发现生命之美的眼睛，塑造一颗感受生命之美的心灵，建立一种感受生命之美的心理机制，带领他们去发现生命之真，感受人性之善，欣赏人生之美。

花若盛开，蝴蝶自来。30 号课室实施生命教育，从生命教育的亮点不时闪现，到生命的种子已然生根发芽，正在茁壮成长中。30 号课室以班带校，华阳小学成为灵动的“生命殿堂”。每一节课堂都成为悠扬的“生命乐章”，每一位教师成为光彩的“生命导师”，每一个学生都发现快乐的“生命之光”。

小导游向外宾介绍 30 号课室

短短两年间，30 号课室让生命之花璀璨绽放。它成为华阳家长、学生口耳相传的好班，班级学生也先后接待了几十次专家团队的来访。我将继续在“生命教育”这片沃土上耕耘着，收获着，幸福着，享受着，也将不断探求生命更广的维度和内涵，完善我的生命教育班级课程。我相信，我将跨越一座“不可能”的桥，为促进生命的全面发展，无论前面多少艰难险阻，我都会积极面对，披荆斩棘，再为 30 号课室添上绚丽的一抹色彩。

守望生命，创造奇迹，我会始终坚持我自己的教育理念，30 号课室的故事也会精彩继续！

2. 年级德育场

年级是学校依据学生修业年限为学生划分的不同等级。按我国现行学制，小学修业年限一般为六年，学校就编为六个年级。学生入学第一学年为一年级，第二学年升入二年级，以此类推。同一年级学生人数多者，再分成若干班级。

基于同一年级的学生一般年龄接近，思维能力和认知水平接近，所学科目和所开课程一致，所以年级组成为学校管理的基本单位，年级组管理成为学校管理的主要形式。

在华阳小学，各个年级组也积极投入德育实践，形成了异彩纷呈的年级德育场。其中，由林燕璇老师担任级长的二年级首先开始“交换生”尝试，这种致力于为学生提供新的教育生态的项目，一开局就收效颇丰。

一提起“交换生”，大家一定会想到“国际学生交换项目”。在华阳小学，二年级内部也开展了“交换生”项目，这些交换生有的是作为学习榜样交换到其他班级，有些是因为个性较为孤僻，通过交换来调整性格的不足，还有的是因为在别的班级有朋友，希望有新的体验。

以下是一位榜样交换生的日记：

今天我很开心，因为我作为7班的交换生来到了9班。刚开始，我有点担心，因为9班没有我熟悉的老师和同学。可是，我刚走进9班，9班的小朋友们就送给我热烈的掌声，和蔼的9班班主任温老师将我介绍给大家。友好的小杰同学邀请我做她的同桌。就这样，我很快融入9班，开始了我的交换生生活。

一天之内，我又交到了很多好朋友，也提醒和帮助了一些同学。比如，课间两个同学发生矛盾，差点打架了，我跟他们讲道理，分析对和错，他们又和好了；身边有同学不遵守纪律，我小声友好地提醒；有同学没带作业本，我借了一个新本子给她。温老师表扬我好几次，把我当作同学们学习的榜样。我觉得自己很棒！我希望9班越来越好！

对于教育而言，榜样是一种向上的力量，是一面镜子，是一面旗帜。交换生活动，传播榜样力量，让所有学生能够时时看到学习的目标和参照物。榜样力量的牵引和赏识教育的激发能使学生达到自我认识、自我教育、自主提高和自主发展。

以下内容摘自一位性格较孤僻交换生的家长写给李老师的信：

钊钊交换到2班，刚开始很不适应，时常躲在一个小角落独自看书。2班的班主任傅老师非常细心，特意给钊钊安排了一个同伴，陪着他看书，跟他聊天。慢慢地，钊钊说的话越来越多。有一次，教室里来了一只大马蜂，所有同学都害怕极了。钊钊很勇敢地拿着书去追赶马蜂，希望把马蜂赶出教室。傅老师知道这件事情后，当着全班同学的面表扬钊钊。那天钊钊特别开心。在交换的那两周，钊钊回家经常跟我说："妈妈，我今天受到老师表扬了，老师夸我书包整理得非常整齐。""老师夸我能坚持听课 5 分钟。""老师夸我今天交了作业。"……孩子开心的笑容，把我的心都融化了。

衷心地感激老师，感谢华阳。我也要思考并改变我的家庭教育方式，带着感恩之心，陪着孩子一起成长。

交换生活动给学生提供了一种新的学习环境，学生在情感生成和智力发展方面可能发生迅速而巨大的变化。钊钊的成长和进步或许是偶然的，又或许是必然的，但作为教育工作者，用心呵护与尊重，用智慧改变和尝试，孩子终有一天会朝着美好前进。

孩子期待不同的体验，正如鱼儿喜欢灵动的活水，鸟儿向往广阔的天空。交换生活动，善解童意，懂得成全，让孩子在自由的感受中尽情收获。这份对孩子天性最珍贵的尊重，是对孩子最真切的爱，将会是孩子美好童年画卷里最特别的一笔。

3. 少先队德育场：鲜艳的红领巾飘起来

中国少年先锋队，是中国共产党委托中国共产主义青年团领导的全国统一的少年儿童群众组织，简称少先队。少先队团结和教育少年儿童，听党的话，爱祖国、爱人民、爱劳动、爱科学、爱护公共财物，努力学习，锻炼身体，参与实践，培养能力，立志为建设中国特色社会主义现代化强国贡献力量，努力成长为社会主义现代化建设需要的合格人才，做共产主义事业的接班人。少先队有自己特定的领导机构、组织方式、活动仪式和仪式议程，也有自己专门的队旗、队徽、队礼、队歌等，在学校德育工作中发挥着巨大的作用。

华阳小学的每一位少先队员，都牢记自己的入队誓词——"我是中国少年先锋队队员。我在队旗下宣誓：我热爱中国共产党，热爱祖国，热爱人民，好好学习，好好锻炼，准备着为共产主义事业贡献力量！"他们每天佩戴着鲜艳的红领巾，像爱护自己的眼睛一样爱护它，不断为它增添新的光彩、新的荣耀。因为在他们的心目中，红领巾是少先队员的标志，它是红旗的一角，是用烈士的鲜血染成的。

(1)亮点："一站到底"的大队委竞选机制

学校少先队管理与其他管理组织结构相似，是个由"大队辅导员—大队委—中队委—各中队队员"组成的金字塔形的管理结构形式。要在少先队管理中落实"生本德育"的理念，就必须完善组织结构，建立一个层次分明、各司其职的管理机制，且充分调动大队委与中队委学生管理者的主观能动性。管理者所能发挥的最大效能与其深入人心的影响力成正比。因此，在大队委的推选机制上，华阳少先队充分尊重每一名队员的意愿，大胆尝试了"一站到底式＋美国总统式"的大队委竞选机制，进行了"海选大队委，全员大拉票"活动。活动前期由少先队大队部精心策划，大力宣传，营造氛围，力图让大队委竞选成为华阳小学每一位少先队员都关心和参与的盛事。

竞选分为三轮，第一轮，海选推举。海选与各中队委改选相结合，各中队利用中队会报名、演讲、才艺展示等环节选出两名候选人上报至大队委，并认真填写大队委候选人申请表整理成档。第二轮，宣传拉票。各候选人自行设计制作海报，张贴在校园进行宣传，制造声势，并利用课余时间，各候选人手持自己的宣传海报进入各中队进行竞选优势自我宣传。第三轮，全员投票。全校每一名少先队员都可以行使自己的选举权，在选举期内将票贴到支持的大队委候选人的海报上。最后进行票数统计，民意呼声最高的十三位候选人组成了新一

大队干部竞选现场

任的大队委组织，剩下的落选候选人成为大队中心小组，参与大队的各项管理工作，成为大队后备力量。活动中每一个小候选人都各展所长，各显其能。在大队委竞选活动的总结会上，小候选人都感慨，经过一轮一轮的竞选演说，原本羞涩胆小的他们都变得大方自信，也通过一次次的实践思考和总结：如何才能成为一名得到全体队员都拥护的大队委。而其他少先队员也不仅仅是候选活动的一名看客，他们是拥有选举权的小队员，他们通过深思熟虑投出了宝贵的一票，树立了自由平等的民主意识。

华阳少先队的大队委竞选并不是一成不变的，华阳人的教育智慧和创新能力同样也体现在少先队工作中。今年，华阳小学举行了首届少先队代表大会，全校 2701 名少先队员与会，各代表就“我心目中的大队委”议题提交议案，采用民主集中制的方法通过红领巾议事堂对大队委进行选举。

(2)培训：我们是这样练成的

小干部选举出来后，如何让这一支充满生命活力的队伍真正成为学校大队部、各中队的主人，主动参与学校和中队事务的管理呢？为此，我们成立了“队干社团”，并对“队干社团”成员进行引导和培育。

大队干部培训啦！

少先队大队辅导员　叶振宇

在大队部会议室，我面对一群天真无邪的孩子，他们正用那稚嫩的声音，畅谈着竞选大队干部的感言，讲到激动的地方，眼里还闪烁着泪花。我的内心同样无比激动，因为他们将是我的左膀右臂，将是同学中的小领袖，学校和班级的管理有赖于他们将同学们带动起来，我一刻都不能怠慢，要好好地引导和培育，让他们早日成为优秀的少先队干部。

第一，我通过队干例会、队干论坛、组织交流、业务培训等手段，让他们重温岗位职责，要求他们树立服务意识、自律意识、互助意识、责任意识、奉献意识，要做到平等、尊重、尽职、主动、团结，做同学心中的好干部；第二，我利用少先队实践教育活动，要求他们在活动中学习一些基本功，练就真本领，如音乐类、画画、球类等；第三，尽量为他们提供自我表现的机会；第四，要求他们平常好好学习，做好具体的少先队管理工作等；第五，经常组织大队干部谈“工作”体会，在互相借鉴中共同提高。

新一届大队干部成员

(3)说说：大队干部收获大

经过一番过五关斩六将的选拔，再经过一轮真刀实枪的培训，华阳小学少先队的大队干部个顶个儿的强，在少先队德育场的营造中，他们个个都是教师的得力助手，学生的行动领袖，自己也得到了快速的成长：

刚上二年级的时候，有一件事让我难以忘怀：那就是竞选大队干部的事情。竞选是以知识抢答的形式从各中队开始逐级进行。我毫不犹豫地报名了，但题库却让我大吃一惊，有8大类共775道题，大部分是我见所未见，闻所未闻的，我能记得了那么多吗？叶老师和温老师都在鼓励我们，世上无难事只怕有心人，我决定迎难而上，勇往直前，争取“一站到底”。

最后，我当上了大队委。最重要的是，这次大赛让我收获很大，既增长了见识，积累了知识，又提升了学习能力，锻炼了意志。

——大队学习委员石子鸣

上三年级时，我当上了大队宣传委员，当时的我还是班级的班长、数学科代表，妈妈担心我当上大队委后，工作上的压力会影响到我的学习，这是真的吗？

学校宣传园地的更新及看护，大队部所发各项通知的速递，所有师生订阅的报纸、杂志的派送，这些都是宣传委员的工作范畴。刚接到这些工作，由于生疏，干起来一切就显得那么的被动、无序。好在有大队辅导员叶老师的精心调教和悉心指导，使我在这“干中学、学中干”的过程中获益良多。

记得有一次，一份通知要送达给某位老师，我是跑遍了整个校区都没见到这位老师，这时早过了放学时间，偌大的校园见不到几个身影，茫然之际我想到该老师可能已离开学校。既然不在学校了，那就明天再说吧。想到这儿我便返回班级，背上书包准备回家。路过一间办公室时，见到里面有几位老师坐在办公桌前还在认真地忙碌着，我的心不由地一颤：不对啊！万一这是一份重要通知，怎么能明天再处理呢，没道理呀！当即，我便果断地推开办公室的门，走到一位熟悉的任课老师面前，将情况说了一遍并寻求她的帮助，她闻讯后立马拿出手机帮我联系上那位老师，并将通知内容告诉他。这时的我，心中仿佛是一块石头落了地。是啊，要办好一件事情，认真与坚持才是根本。

事实证明，当上大队委后，在为少先队员服务中，既能体验到其中的乐趣，又能使自己的综合素养得到提升。大队委的工作真是锻炼人啊！不信你仔细瞅瞅你身边的那些大队委们，他们的言行举止怎么看都像是一位小“领导”。我在当年不但是双科双百，还被评为三好学生，华阳好孩子呢！

——大队宣传委员邓悦

从小我就很喜欢读书，我认为书里有很大很大的世界，可以告诉我很多不知道的东西。但是上幼儿园的时候，由于看书比较多，所以经常会在课堂上问一些稀奇古怪的问题，我一度成了老师眼里的“问题儿童”。

2013 年的夏天，我跟妈妈从六朝古都南京来到了美丽的羊城广州，成了华阳小学的一名小学生。这时，好像一切都变了。学校很鼓励我们每个小朋友读书，刚上一年级的时候，我收到了一张阅读书目清单，建议我们在一年级读完几十本书。我一看清单就乐了，那么多好看的课外书啊！我心里暗喜，这个小学可真不错。

在这样的学校，我快乐极了。二年级时，我“一站到底”，进入学校大队部工作。这是一个更大的舞台，一个新鲜的世界，

我们华阳小学的校训是“心自由，行自远”，有了心灵的释放，我们会从这里起飞，越飞越高，越飞越远……

——大队宣传委员王锐旗

(4)活动：以生为本，七彩斑斓

丰富多彩、形式多样的活动是少先队的主要存在方式，也是少先队的生命线。融入学生们当中、和学生们同行同乐是辅导员的天职。在华阳，“做一个有道德的人”是少先队活动的宗旨；“搭建一个有利于学生健康快乐，全面发展的德育平台”是少先队活动的目标。为了充分发挥少先队活动的德育功能，学校德育团队的活动方略有“五点”：活动主题要小一点；活动内容离队员要近一点；构思设计要巧一点；活动要落得实一点；内容形式要新一点。

活动一：“做一个有道德的人”主题实践活动。

华阳小学是天河区唯一、广州市三所中小学之一的中央文明办“做一个有道德的人”主题实践活动联系点。华阳小学少先队连续两年代表广州市参加中央文明办组织的全国“百所学校‘童心向党’歌咏活动网上展播”活动。2013 年 3 月 15 日，中央文明办领导来穗调研座谈会在华阳小学林和东校区举行。领导实地调研了华阳小学，察看了学校的校园环境，详细了解了华阳小学在未成年人道德实践主题活动中的开展情况，并饶有兴致地参观了学生们平时的作品，称赞华阳小学校园文化浓郁，未成年人思想道德建设落实到位，主题活动开展有特色，有成效。

“童心向党”歌咏活动

活动二：华阳“道德讲堂”系列活动。

道德讲堂的成立是一个标志性事件，标志着“学道德模范，做一个有道德的人”主题活动全面拉开。借助这一平台，2014 年 9 月 19 日，为加强社会主义核心价值观教育，广东全省少先队组织广泛开展的“核心价值观记心中”主题队日活动在广州天河区华阳小学举行。

我为核心价值观代言——天河区少先队第三届主题中队会竞赛活动，我校三(2)中队荣获天河区特等奖

活动三：少年军校和鼓号仪仗队成绩喜人。

少年鼓号队是少先队礼仪教育的重要形式和少先队基础建设的重要内容，能培养少先队员的群体意识，增加集体主义荣誉感。华阳少年军

校、鼓号仪仗队表演精彩，成绩喜人，展示出朝气勃勃、乐观、积极向上的精神风貌。

伴随着铿锵有力的军乐，华阳少先队鼓号仪仗队接受检阅

活动四：美德银行存美德，成长路上促成长。

“小太阳美德成长银行”由华阳小学少先队成立，该举措充分激发了学生学习雷锋、争做美德少年的自主性和自觉性，就像一片闪着金光的钥匙，打开美德之门，华阳小学的每一位少先队员用自己的善言善行滋养美德种子，让美德之花开遍校园每一个角落。

手持“美德成长存折”的少先队员们

活动五：垃圾分类我先行，美丽家园齐共享。

保护环境，是人类永恒的主题、永远的责任。为了积极响应《广州市城市生活垃圾分类管理暂行规定》的文件精神，华阳小学扎扎实实地开展各项工作，成为垃圾分类的先行学校。2011 年 3 月 8 日，林和东校区少先队率先启动了“为了广州更美丽，垃圾分类我参与”系列主题活动。启动仪式上，在场学生积极响应，通过不同形式表达了自己的决心：情景剧、创意环保垃圾箱设计、环保社团标志设计、环保歌曲、垃圾分类知识比拼……最后，在各级领导的带领下，参与活动的嘉宾和华阳师生、家长纷纷在签名布上庄重承诺：为了广州更美丽，垃圾分类我参与！2012 年 5 月 18 日，原广州市市长陈建华同志来到华阳小学实地考察，接受了三位少先队成长小记者的采访，并通过小记者了解了华阳小学垃圾分类活动的开展情况，对华阳小学扎实有效的垃圾分类教育工作表示赞许。2013 年 4 月，广州市垃圾分类现场会在林和东校区召开，与会的 200 余名代表参观了校园开展垃圾分类的活动展板及成果，还饶有兴致地观摩了学生垃圾分类趣味活动，对华阳小学垃圾分类工作的扎实开展给予了高度评价。

“广州市垃圾分类进校园活动”启动仪式

活动六：参加志愿服务活动。

为庆祝第29个“世界志愿者日”，2014年12月3日，琶洲保利博览馆举行了第四届志愿服务广州交流会暨首届中国青年志愿服务项目大赛。华阳小学在大队辅导员的带领下作为参展单位参加了此次大赛，展示的项目是“华阳小学小太阳成长德育阵地”。从2014年10月18日到比赛结束，项目团队经过了项目申请、展示板设计、太阳娃特色节目排练、小小讲解员讲解词归纳、霸气展示秀、项目答辩、全国大赛的筹备、全国大赛的现场展示，项目团队都经历了一次特殊的旅程，这也大大提升了华阳小学“小太阳成长德育阵地”的知名度。

“华阳小学小太阳成长德育阵地”在第四届志愿服务广州交流会上

活动七：拓展课外教育实践活动。

华阳坚持以生为本的教育理念，在搞好课堂教学的同时，通过多种途径开辟适合学生体验的课外实践基地，除确保每学期一次的春、秋游活动外，还以班级、年级为单位，让学生走出课堂，开展丰富多彩的课外实践活动，尽可能满足学生们的种种需要。例如，开展“交通安全你我他，遵守交通靠大家”的交通知识讲座，少先队交通安全员指挥少先队员们正确通过马路，社区学雷锋实践活动，响应团市委“爱心汇穗”的号召开展爱心拍卖活动，少先队员与林和街道协办千“福”迎春幸福林和活动，组织学生参加植树节活动等。丰富多彩的课外实践活动在学生的心灵上留下了深刻的印象，有效地培养了学生优良的思想道德品质，使学生养成了良好的行为习惯。

华阳少先队交通安全员正在指挥
少先队员们正确通过马路

植树节活动

活动八：捐助他人。

道德，是一种财富，更是一种智慧。在华阳学子的眼里，道德宛如山间的涓涓细流，虽然没有惊涛骇浪的雄伟壮观，但是能默默地润人心田；好像颗颗细小的沙砾，虽然没有碧玉的青翠欲滴，却能成就万丈高楼。

汶川地震曾经牵动了全体华阳师生的心。那一幅幅感人至深的画面无一不是道德的缩影，无一不在展示着道德的力量。我们清楚地记得，一个个小学生拿着平常积累下来的全部零用钱，排着整齐的队伍捐款……

华阳小学少先队组织全体队员向汶川
地震中的遇难者默哀

爱心零距离　美德传天下
——华阳小学为灾区捐款、捐书活动

为了充分发挥活动的育人功能，华阳少先队认真对待、精心组织每一次活动，将华阳少先队做成了精品，做出了品牌，2015 年不仅成为“广东省红旗大队”，而且还获得全国少工委发布的全国优秀少先队集体荣誉称号，这是面向全国少先队员、少先队集体的最高荣誉。

对“以生为本”的华阳小学而言，荣誉不是最大的肯定，也不是最重要的目标，华阳小学追求的目标、对华阳最大的肯定是学生的成长。

勇闯志交会

2014 年 12 月 3 日，在大队辅导员叶老师的带领下，我和其他五名经过严格培训的同学一起勇闯志交会，为来自全国各地的客人展示了华阳小学天河东校区“小太阳成长德育阵地”的风采。

当天早晨，我们早早来到会场，紧张地布置摊位，大家分工合作、齐心协力，有的贴海报，有的挂太阳娃，有的负责装饰背景，大家在最短的时间内把摊位布置得美轮美奂。接着进行最后的彩排，我们六个同学分成三组，每组由一名太阳娃和一名讲解员组成。我和小唐分在一个小组，小唐“变身”为可爱的太阳娃，我则担当“项目海报讲解员”。我虽然有过当小老师和主持人的经历，但面对如此隆重的会场，还是有些紧张。我和小唐手拉手，互相鼓励，叶老师向我微笑表示赞许，坚定了我的信心。

志交会正式开始了，我和小唐决定主动出击，把宾客拉进我们的摊位。身穿太阳娃服的小唐直接到通道迎接宾客，他做出各种可爱的动作，还热情地和宾客拥抱，把宾客拉到我的身边。接着我面带微笑，用精炼的言语给宾客绘声绘色地讲解“小太阳美德成长银行”，宾客纷纷夸我们两个小朋友的配合十分默契，表现得很棒，还抢着和我们拍照，大家的脸上都洋溢着灿烂的笑容。

为了增加我们摊位的人气指数，三位“太阳娃”带领着三位“讲解员”，一起在展示摊位前跳起了活力四射的小太阳成长音乐律动操“水果拳”和“一起来，更精彩”，果然引来了众多宾客的围观，越来越多的宾客来到我们摊位。我们六个人都忙得不可开交，大家虽然很累，但也很快乐。

我们在会场上尽情展现自我，以灵活的身态及大胆的行动向客人宣传华阳精神，大会主办方也及时捕抓到精彩瞬间，华阳“太阳娃”和“讲解员”的照片出现在大会的展示板和宣传资料上。大会主办方和广州电视台等多家媒体跟随着“太阳娃”和“讲解员”的步伐，专门来采访我们。我很荣幸接受了采访，我在镜头面前阳光自信，大大提升了华阳小学“小太阳成长德育阵地”的知名度。

通过“小太阳成长德育阵地”展示活动，我发现了有比学校更广阔的课堂，有比成绩更重要的成长。我们要将太阳娃的“阳光自信、文明有礼、好学善思、实践创新、个性鲜明、热爱运动、享受阅读”的精神传递给身边的每一个人。

“华阳小学小太阳成长德育阵地”在第四届志愿服务广州交流会上

少先队充分信任和依靠学生，全面发展和提升学生，成为学校行为文化建设、学校德育工作的一股生力军。叶振宇老师如是说：“每当我戴上红领巾，每当听到学生们那稚嫩的声音，我的内心就无比幸福，无比骄傲，因为我爱我的学生，我爱我的教育事业，我愿让自己的青春永远飘扬着鲜艳的红领巾。”

二、德育无疆

一所学校，应该跨越围墙的限制，以学校、家庭、社区协同育人的合力，把教育延伸到一切空间和时间，构建没有围墙、没有国界、没有时空的广阔学习空间，让学校的教育价值在校内外延展。当华阳坚持以“逐日精神”奔跑在“心自由”而“行至远”的办学之路上时，学校德育工作更是跨越学校围墙，行走在没有边界的广阔世界。

(一)与家长有约

苏联教育家苏霍姆林斯基曾指出：“最完备的社会教育是学校教育和家庭教育的结合。”对此，华阳人有自己深刻的体会和独特的做法。在华阳人看来，家长不单是最直接的教育资源，更是学校教育突破时空限制，延展德育范围最直接的通道。

刚当教师的那几年，教学工作繁重的班主任吴宇晖老师深觉单靠班主任一人力量开展班级建设的辛苦。她想：“什么时候家长也能来关心、支持班级的工作，那我们的教育就可能取得事半功倍的效果了。”那时，她就下定决心打造一条家校共建共育班级的路子。

在接手新班时，吴老师第一件事便是设计调查问卷，了解家长的想法与其中蕴藏的教育资源。通过家访和孩子的作业，吴老师发现有些家长对教育有热情，她就会想办法请对方参与到学校教育中来。因此，班级的所有活动，像“倾听孩子心声——心愿墙、悄悄话信箱”“书香满园——故事妈妈进课堂”等，从策划到方案再到具体落实，都由班级大家庭共同完成。

从一年级开始，班级和家长的沟通形式有每日评语、亲子活动、网络平台、故事妈妈进课堂、每日校讯通、家访，这些形式能够很好地解决一些普遍性、普及性的问题。但在实际工作中，真正要让家校合作更深入，还要提升家长的综合素质。而家长在教育孩子时也会出现很多困惑，非常渴望互相交流。于是，家长沙龙应运而生。

沙龙根据家长调查表确定主题，由家长主持，活动方式有 PPT 展示、电影片段播放、案例分析、现场讨论、头脑风暴等。家长们不仅交流了教育孩子的方法，而且获得了自身成长的机会。

在华阳小学，吴老师所任教的班级并不是特例。华阳小学的家长都有这样的共识：家长不是学校教育的旁观者，而是参与者。华阳小学每一个班级都有强大的家长后援团，他们有组织，有制度，民主推荐成立家委会，选出最有教育理想和实践热情的家长成为家委会带头人，除了日常的家校交流，他们更为学校的发展出谋划策，贡献力量，为学校提供坚实的教育后盾。

家长会上的“破冰”行动

“学校是学生学习的主阵地，但学生的成长既离不开学校，也离不开家庭的培育和教导，只有双方共同努力，学生才会真正成长。”华阳小学校长周洁这样认为，并因此在学校的层面上开展了“华阳有约”等一系列推动家校共建共育工作的活动。

华阳有约

2013 年 10 月 16 日，一个阳光明媚的周三下午，华阳小学道德讲堂里欢声笑语，全体教师、家长代表、学生代表、教育专家们欢聚一堂。主持人欧阳老师激情澎湃地说："小论坛，大天地！欢迎大家走进华阳有约！呵护孩子天性，引导孩子行为，都建立在孩子喜欢老师的前提之下。随着社会的发展，信息时代的来临，'今天的教师以什么吸引学生'就成为根植于时代发展、教育发展、教师发展的热点问题。我们今天相约在这里，要交流的话题就是——今天的教师以什么吸引学生。"

话题一抛出，围坐一圈的各年级老师代表、家长代表、孩子代表们纷纷举手。

二年级吴老师抢到了第一个发言的机会，他激动地说："我这儿有张照片，大家看看他是谁？是的，他就是我们的阳光大男孩——陈超老师。从开学典礼他穿着哈利波特的黑色风衣，拿着最神奇的魔杖精彩亮相开始，他就给孩子们带来一种非常有冲击力的教师新形象。他灿烂的笑容和对孩子们由衷的欣赏，赢得了学生对他的喜爱，可见教师的亲和力、沟通能力、敬业与投入是吸引学生的制胜法宝……"吴老师话音未落，道德讲堂里立刻响起了雷鸣般的掌声。

掌声未停，六年级的一位家长代表迫不及待地接过了话筒，她声音颤抖不无感动地说："2013 年的教师节，一位老师在下班的时候接到一位已经毕业的学生电话，说要回来看望她。结果，她非常讶异地发现，这个班的 46 个孩子一个都不落地站在她的面前，孩子们虽然在不同的中学就读，但这一天，他们全部都回来了，一个都没有少！这位老师今天就在我们的会场，她就是我们华阳小学的——廖海燕老师，一个都不能少，这是廖老师教给孩子们的，她教给孩子们的是一种强烈的责任感，一份强烈的执着。这是廖老师对孩子们的严与爱、宽容与期待给孩子们带来的巨大影响。因此，从一个不少地来看望老师，可以看出，这样的老师是吸引学生的……"又一阵雷鸣般的掌声响起来。

说到这里，大家思维的闸门似乎被打开了，举手发言更踊跃了，主持人欧阳老师忙得不亦乐乎……

不知不觉间，两个多小时的华阳有约时间过去了，博学、爱心、耐心、细心、宽容、严厉、热爱阅读、喜爱运动、阳光自信等成为吸引学生的老师类型……

第一次华阳有约活动取得的良好效果让人喜出望外，华阳有约因此一发不可收拾。“华阳有约之华阳演说家”“华阳有约之自由与规则”“华阳有约之班主任班级管理”等系列活动持续开展，一个个难题迎刃而解，一次次碰撞催生智慧，在所有华阳人的心中，华阳有约实在是一次美丽的约会。

华阳有约，一个尝试性的约会！华阳有足够开放的心态，也有足够谦虚的姿态，当然能够充分倾听和悦纳学生、家长、教师、教育专家等各方声音，集思广益，让大家在交流倾听中寻找解决学校发展、教师发展、孩子发展的策略。

从家长沙龙到华阳有约，从一个班级到一所学校，从家校携手到家校同心，这是“德育无疆”哲学在华阳的落实。多年来，华阳小学不断强化家校一体化协同合作体系建设，正确地认识，成功地运作，使得“家校共建共育”成为华阳小学的标签之一。家长介入学校工作的力度、深度、广度、维度和高度，已经成为华阳的一大亮点和一大特色，也已然成就了华阳小学的业绩和声名。

华阳有约——今天教师以什么吸引学生

(二)魅力社团

学生社团活动是一种活泼有效的教育形式，作为学校第二课堂的重要组成部分，社团是学生开发潜能、展示自我的舞台，也是学校推进学生全面发展的一个重要载体，在学生综合素质的培养、校园文化氛围的营造、学校独特文化的传承等方面发挥着重要的作用。

在华阳小学，以生为本的教育理念、呵护天性的德育理念、无墙无限的德育活动在社团活动中得到了充分体现。2011年，华阳小学开展了广东省中小学德育科研重点课题——“学生社团活动与学生自主成长的研究——以华阳小学为例”的研究，开启了“太阳娃社团”的建设。

从建设之初到现在，华阳小学共组建了86个学生社团，各种活动开展得如火如荼。社团正如跳跃的音符丰富着学生的成长空间，以学生喜欢并易接受的方式引导着学生树立正确的价值观和发展目标，让学生们在成长方式、成长态度和成长空间上能有长足的锤炼和提升，更好地帮助学生用他们喜欢的方式来体验生命成长的快乐，成就生命个体，感受生命之美，学校也因此获得广州市德育工作创新一等奖。

1. 社团运行

心有多大，路有多远；心有多大，空间有多大。华阳小学的“太阳娃社团”之所以能够大放异彩，最大限度地发挥育人功效，与其生本理念的引领，尊重学生的生命需要，富有创意的设计，具有“以生为本，自主发展”特质的活动形式，让每一个华阳学子在主动参与活动中成为活动的主人，在自主发展中获得多方面的收获密切相关。

华阳小学建设“太阳娃社团”，以“自主社团＋班级社团”的组织方式进行，把学校各类活动全部交由社团承办和认领，从设计社团标志、制定社团活动公约、申请活动场地、派发社团宣传单，到开展社团活动、准备成果展示、申报星级社团，大多由学生独立完成。在自主社团中，学生自主聚合、自主实践、自主管理、自主优化；在班级社团中，学生承担责任、学习合作、发挥所长、完善自我。

在探索的过程中，华阳形成了“太阳娃社团”独特的组织结构、活动运行轨道及评价激励系统，创新了学校的德育模式。

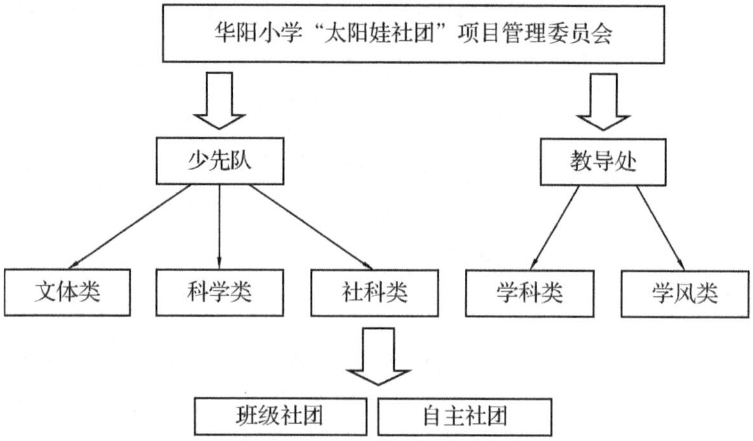

“太阳娃社团”组织结构图

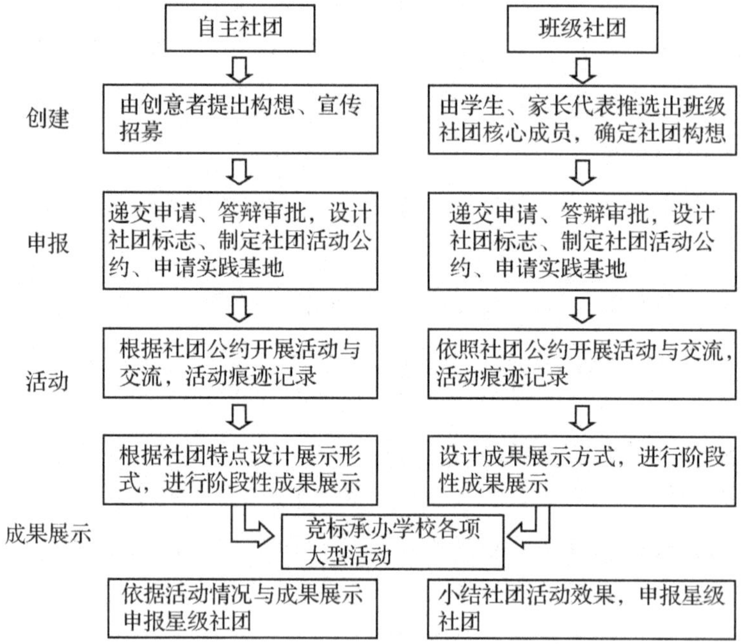

“太阳娃社团”活动运行图

“太阳娃社团”评价激励系统表

评价项目	横向综合评价	横向单项评价	纵向单项评价
学校行为	星级社团评定、学校明星社团评选	成果展示、承办活动评选	最具前景社团评选
班级社团行为		最佳活动方案评选、最佳轮值团长评选	自我评价激励
自主社团行为		最佳活动方案评选	自我评价激励

2. 社团活动

社团活动是华阳小学生本教育理念的重要落实举措之一，在社团建设和社团活动的过程中，华阳同样本着“充分相信学生，高度尊重学生，全面发展学生”的出发点，充分发挥学生的主体性，将成长的自主权还给学生，学生也确确实实表现出很强的学习能力和自我成长能力，给教师惊喜，给华阳荣耀。

华阳社团的每个主题教育活动都要求学生全员参与，让学生在活动中接受教育，在氛围中得到熏陶，在体验中得到情感的升华。例如，学校艺术节、体育节、科技节每年举办一次，每次至少持续一个月，旨在让每个学生，每个班级都有展示自我风采的舞台，都能拥有“体验成功与快乐，收获成长”的机会。实践证明，这类活动极大地丰富了学生的精神内涵，让学生在广泛参与中形成了良好的人生信念、道德意识与道德行为，从而懂得恪守个人美德、社会公德，并促进道德判断力的发展，塑造健康的人格与培养良好的习惯。

(1)笑容社团：来自笑容的灵感

笑容社团是在以生为本的华阳文化环境中应运而生的一个阳光乐观、积极向上、富有爱心的班级社团，在沈小玲老师的带领下，成立两年多的笑容社团相继组织了校园护榕树、梅州扶贫、街头义卖、捐钱助病儿等活动，充分利用学校、家庭、社会各方资源，充分调动每个学生的积极性，让学生在自主管理、自我体验中发展人格，在丰富多彩的实践活动中不断进步，形成了良好的集体氛围，为学生们的健康成长奠定了良好的基础。

笑容社团全家福

(2)红领巾记者社团：小记者，大视界

红领巾记者站是活跃在学校内外的一个响当当的学生社团。这也是学校第一个学生社团，由温锦玉老师指导，成立于2010年亚运会期间。成立至今，社团成员已有200多人，发稿1000多篇。社团成员们多才多艺、阳光自信、能力突出，多次参加大型活动的采访。精英记者们参加“红领巾议事堂”活动，向市领导提出建设性建议和意见。小记者的媒介素养提案获得广州市二等奖。小记者在参与社会活动、活跃校园文化等方面做出了积极的努力，展现出华阳小学小记者得体大方的优秀风范。

小记者梁琛喆、陈廷轩、郑懿珈采访
航天英雄杨利伟、费俊龙、刘伯明

(3)都市小农夫社团：汗水在这里开花

在繁华的都市中，在广州最繁华的中心商务区附近，什么是可贵的？有人会说是一套房产，有人会说是大把大把花不完的钞票，有人会说是难得的休闲时刻，有人会说是慢节奏的生活……也许一千个人有一千个答案。华阳小学都市小农夫社团，给了我们另一份答案——一块菜地。

播撒汗水，收获希望

邓燎老师理解都市孩子亲近自然的心，提议在学校里开辟一个菜园，都市小农夫社团由此诞生。

在活动中，华阳小学的学生们登上了实现梦想的舞台，社团为他们的童年校园生活留下难忘的回忆，也成为班级凝聚力的纽带。学生们爱班级，爱社团，最为难得的是，在活动中，学生们的自主管理能力得到长足的发展：他们学会分工合作、有责任心、爱劳动、学会了自主管理……学生在活动中快乐成长！

华阳小学多姿多彩的太阳娃社团和丰富多样的社团活动，满足了学生多样化的成长需求，促进了学生的自主成长，让德育没有边界、没有围墙地发挥功能。如今，太阳娃社团的孩子们展现出朝气蓬勃、灵动活泼、胸怀广阔的阳光形象：锐意创新、务实能干是少先队员的优良作风；笑容社团的学生心怀大爱、心中有他人；小农夫社团的学生不怕困难、勇于实践，在耕耘与收获中感悟成长的乐趣；小记者沉稳自信、落落大方，广博的知识面让受访者无一不竖起大拇指；街头小报童社团成员不仅体会到工作的辛劳，更体会到劳动的快乐；为爱光头爱心社团为患儿送去了温馨的祝福；中华好传统社团常常在元宵、端午等传统佳节来临之际带领学生们学做汤圆、包粽子等，在欢笑中传承中华文明……

除了不断成长中的社团建设和不断开发出的社团活动之外，学校还开辟了 12 个课外实践基地——消防中心、陶艺制作体验中心、广东科学中心、星期八体验基地、艺术博物馆、污水处理厂、广东博物馆、农科所(蔬菜基地)、《羊城晚报》印务中心、广州本田汽车生产基地、邮政局、气象中心，学生们可以自主选择，走出课堂，走向广阔的社会。

因为爱你，所以包容、呵护你的天性；因为爱你，所以尊重、发展你的生命；因为爱你，所以给你自由自在的心境；因为爱你，伴你自由自在地远行——华阳学子是幸福的，他们的生命如花，梦想如花，在生本的道路上，自由绽放。

第三章

华彩：七色光芒，特色成长

因为有了光，自然界呈现出七彩的美丽。对于华阳小学来说，生本教育如同一道光，指引着华阳人探索的脚步，照亮了华阳人前进的道路。在生本之光的照耀下，华阳小学自然而然地构建起七彩课程体系，自然而然地走出了一条以学定教的教学路径。学生们自由自在地遨游在学校为他们营建的教育生态系统中，积极主动地行走在教师为他们搭建的课程体系中，学习在教师为他们提供的课堂教学中，快乐求知，特色成长。作为以生为本教育理念的教学实践，闪耀着七色光芒的华阳课程与华阳课堂，已然结出了丰硕而又甘甜的果实。

七彩路上的“太阳娃”

一、七彩课程，活力焕发

如何构建既符合素质教育要求，又与学校培养目标匹配一致的课程体系，是每一所学校优质办学都必须着力解决的核心问题。对于学生来说，课程就是跑道，教师必须带领他们在跑道上奔跑，才能向着预定的目标前进。华阳小学在生本教育实验过程中，从课堂教学的改革到课程建设的改革，都取得了显著成效，走出了一条以生本为引领而深度实施素质教育的特色发展之路。

(一)华阳校本课程的整体构建

《礼记·儒行》中说："力行以待取，其自立有如此者。"自立即指依靠自己的力量有所成就。对于大多数来自独生子女家庭的华阳学子来说，自立说起来容易，做起来却很难。因此，在学校课程这一核心领域，华阳进行了以"自立课程"引领华阳学子成长为"拥有完整心灵的世界公民"的行动研究。

"拥有完整心灵的世界公民"是华阳小学的培养目标，它包括七大特质：热爱运动、阳光自信、文明有礼、好学善思、享受阅读、实践创新、个性鲜明。围绕这一目标，华阳小学确立了"心灵完整，自立远行"的学校课程理念，将学校整体课程定名为"自立课程"，并从自然界的七色中获得灵感，构建起由"橙之健运动课程、赤之远责任课程、紫之贵美德课程、蓝之海思维课程、绿之趣阅读课程、青之跃探究课程、黄之魅展能课程"七大领域构成的课程体系。

"自立课程"体系主要有两大内容：基于国家课程校本化实施的"以学定教单元整体教学模式"和基于校本课程特色化开发的"七彩生本课程酿造七彩生活"。

其框架，如下图所示。

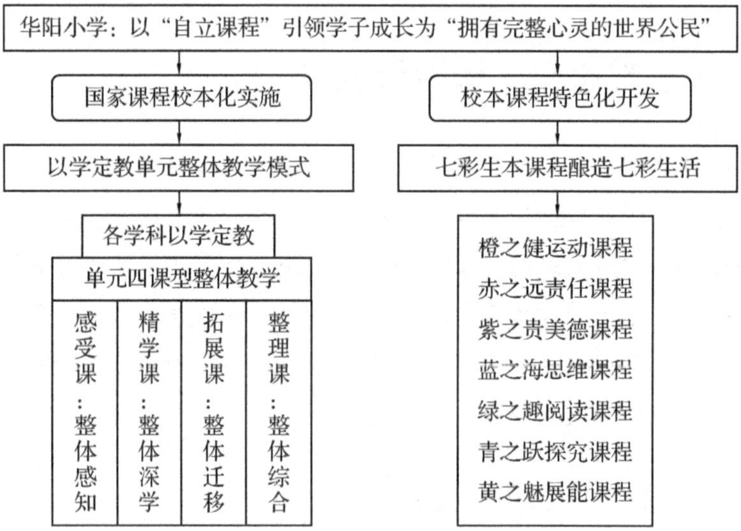

华阳小学构建“自立课程”课程体系成果概览图

1. 国家课程校本化实施成果：以学定教单元整体教学模式

“以学定教单元整体教学模式”是华阳小学对国家课程的校本化实施，旨在瞄准“拥有完整心灵的世界公民”培养目标，创造具有“以生为本，以学定教”特质的课堂教学经验，让每一个华阳学子经由生本化课堂的学习，实现“少教多学”，为他们未来的广阔前景厚实根基。

校本化课程不仅创立了“以学定教单元整体教学模式”，并形成了各学科的课型操作系统，而且还建立了富有华阳特色的三大教学体系和五大教学机制。

2. 校本课程特色化开发成果：七彩生本课程酿造七彩生活

华阳小学校本课程特色化开发的成果即“七彩生本课程”，这七大领域课程各自相对独立，意在引领华阳学子“热爱运动、阳光自信、文明有礼、好学善思、享受阅读、实践创新、个性鲜明”，同时又相互关联，符合素质教育的要求。

七大课程体系承担各自的课程目标，分别有不同的操作载体及评价标准，以此发挥培育拥有完整心灵的世界公民的课程价值。

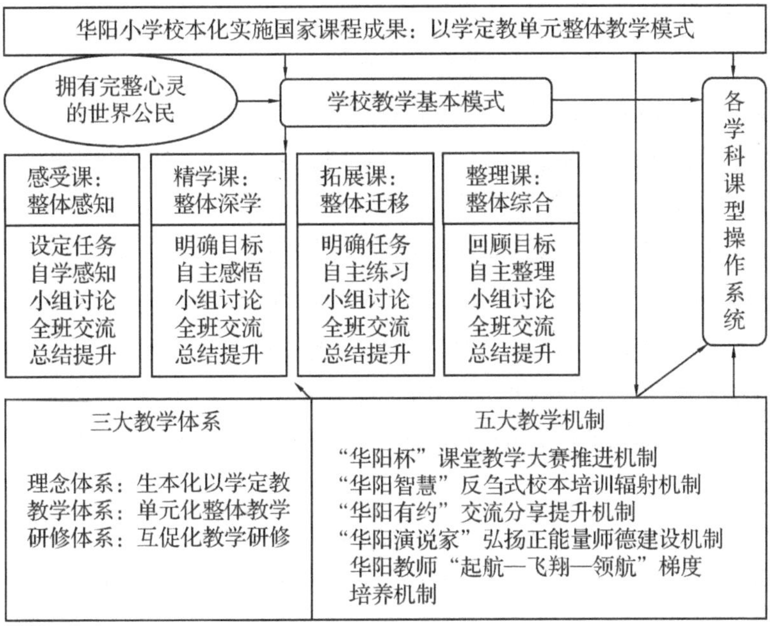

华阳小学校本化实施国家课程成果概览图

“橙之健运动课程”的课程目标为：让每一个学生掌握至少两项体育技能；在体育技能的学习中，学会科学锻炼身体，掌握有效的锻炼方法；提高学生的身体机能和心理素质，培养学生坚强的意志品质。在课程内容安排、课程实施和课程评价的设计中，我们按学生的年龄差异分出水平段，并且逐渐形成我校学生的运动特色。

“赤之远责任课程”的课程目标为：立足于自己当前生活和学习中的问题，学会自己的事情自己做，从小事做起，养成良好的行为习惯；通过学校创设的自由广阔的体验平台，逐步培养自立意识、自立能力和自主精神；通过自主参与、自行策划、展现风采，体验成功与快乐，收获自信与成长；通过大胆投身实践活动，学会勇于承担责任，从而自我超越；自觉学习法律法规，懂得在自己的成长路上不断修己慎独，自主自律。其课程内容同样根据各年段学生的年龄特点和能力，有针对性地选择课程内容和学习活动方式，并进行有华阳特色的实施和评价。

“紫之贵美德课程”以“小太阳美德成长银行”为载体，构建了一套适合我校学生特点，操作性强的文明礼仪养成教育活动课程操作体系；深入实施文明礼仪养成教育课程，用学生喜闻乐见的方式鼓励他们积极投入美德实践。为实现这一课程领域的目标，我们根据不同的美德标准设置了13种美德币，并按照相应的评价标准开展“美德首翁”“超级美德富翁”“最佳分行”“华阳十大美德事件”等一系列评比活动。

“蓝之海思维课程”是教师以教学目标为依据，依照学生的生活经验以及原有知识基础，所设计的贯穿课堂始终的“自学内容”。它为整个教学提供了一个将教转化为学的空间，让每个学生学习每种知识时。不同的个性首先得以伸展，循序渐进地培养学生的自学能力，帮助学生从“学会”变为“会学”。

“绿之趣阅读课程”的课程目标不仅仅落脚在增强学生对语文学习和大量阅读的意识和兴趣上，而且引导他们广泛阅读，学会阅读，从而能主动进行探究性学习，激发想象力和创造潜能，同时能具体明确、文从字顺地表达自己的见闻、体验和想法，学会倾听、交流，并从中提升自己的感悟。

“青之跃探究课程”主要着眼于激发学生对科学的兴趣，一方面了解新科技的发展，形成开阔的视野，另一方面培养学生创新实践的兴趣和能力。低年段(一、二年级)的课程内容为科学绘画，中年段(三、四年级)为小发明，高年段(五、六年级)为科学项目研究，按照学生自主性、教师指导性、课内外相结合、安全性等原则开展实施。

“黄之魅展能课程”的中心为太阳娃社团体系，我们的目标是创造一种全新的教育环境，给每一个学生提供感受自我、展示自我、完善自我的机会，有效地实现培育完整心灵的育人目标。其中，最具华阳特色的就是有效整合家长优势资源，增强家长主动、深度参与学校课程的意识，逐渐形成家校合作开发课程的发展态势。

太阳娃社团体系从管理层次上分为自主社团、班级社团和学校社团，从课程类型上分为文体类、科学类、社科类、学科类和学风类。其中，有代表性的自主社团有换客社团、机器人社团、小制作社团、篮球社团等；班级社团有吟诵社团、都市小农夫社团、原创小诗人社团、绘本阅读社团等；学校社团有电声乐团、合唱社团、羽毛球社团、舞蹈社团、游泳社团等。

“黄之魅展能课程”有一个显著的华阳特色，那就是以社团为单位，对学校各类活动进行承办和认领，学校则为各社团提供自主活动的平台，帮助社团学生在实践中体验，合作中成长，以社团活动带动学生全面自主发展。太阳娃社团真正体现了“学生是小主人，社团是主阵地”的华阳特色。

太阳娃社团活动课程评价与学科课程评价有所不同，我们依照学生、家长、教师的顺序权重评价主体的比例，同时依据社团其社会性特质，邀请部分专业人士参与评价。评价方式上也设定多维度评价指标，即除了星级社团这一综合性指标外，还设定活动单项指标。

太阳娃社团成果展示

(二)自立课程的实践成果

什么是“拥有完整心灵的世界公民”？对于这一与时俱进、定位高远的人才培养目标，华阳人有自己特定的理解。

首先，教育应培养完整的人。对此，古今中外无数思想家和教育家都做出过自己的思考和表达。孔子追求的教育目标是“成人”——“若臧武仲之知，公绰之不欲，卞庄子之勇，冉求之艺，文之以礼乐，亦可以为成人矣。”(《论语·宪问》)何谓“成人”？即为在知、情、勇、艺等各方面都得到发展的人，换成今天的话来说，也就是智育(知)、德育(情)、美育(艺)和体育(勇)的统一。近代思想家王国维也说：教育的宗旨在使人成为“完全”的人。而所谓“完全”的人，就是各方面的能力发达而且调和的人。人的能力分为身体和精神两方面，而精神之中又分为智力、感情及意志三部分。正是基于这三者，人类有了真善美之理想。具体而言，“真”为智力之理想，“美”为感情之理想，“善”为意志之理想。而完全的人不可不具备真美善三德。正因为要达到真善美的理想，要培养完全地具有真善美三德的人，所以才有教育事业的兴起。

其次，片面重视人的理性生命、片面追求科学价值的现代性，使教育出现了严重的偏差。其具体表现是：知识教育居于主导，素质教育难以落实。而以应试为目的，以知识为主体的教育偏重于人的智力发展，从心理学的角度来说，智力发展只是人的包含知、情、意三方面心理能力在内的精神结构中的一个维度。这样的状况严重到周国平先生说：“在今日中国，教育是最落后的领域，它剥夺孩子的童年，扼杀少年人的求知欲，阻碍青年人的独立思考，它的所作所为正是教育的反面。”

再次，以情感教育(美育)和意志教育(德育)来弥补知识教育(智育)的不足，纠正应试教育的弊端，才能把素质教育真正落到实处，培养德智体美全面发展的现代少年。

最后，在完整心灵的基础上，为了适应当今时代国际交流日益增多，教育国际化日益明显的发展趋势，培养能够在国际上行走自如，能够进入各种公共领域、参与各种公共事务的世界公民便成为华阳人才培养目标定位的落脚点。

华阳的七彩自立课程，正是素质教育的具体化落实和校本化实践，它切实贯彻生本教育的理念，立足脚下，视界宏阔，引领华阳学子以逐日的气势，以逐日的精神，在通向“拥有完整心灵的世界公民”这一成长目标的征途上阔步前进。

1. 橙之健运动课程：我们热爱运动

经过华阳小学的路人常常被学校操场里的这样一个情景吸引着：宽阔的操场上，同时进行着不同的体育项目——一群学生在打篮球，一群学生在踢足球，一群学生在打羽毛球……每个学生都全情投入，喝彩不断，各个项目井然有序，各自精彩又互不影响。华阳小学的家长常听到学生兴高采烈地说："今天我们班上大课了，我太喜欢上这样的体育课了！"是什么样的体育课这么吸引学生们呢？

原来是体育选项课，这是"橙之健运动课程"中的一种课型，也就是孩子们口中的"大课"。

目前小学阶段体育教学的开展，主要以《义务教育体育与健康课程标准(2011 年版)》为依据。如何在日常教学中体现出学生的主体地位，促进学生主动参与体育活动，是该课程负责人努力思考之处。选项教学，便是华阳敢为小学之先、首吃螃蟹的尝试。学生们可以有选择的自主权，可以上自己喜欢的体育项目，还可以和其他年级的学生一起上大课，难怪体育选项课已成了华阳学生最喜欢的体育课。

除了体育选项课，橙之健课程中的体育大课间、阳光体育也深受学生们喜爱。大课间是学生们尽情挥洒汗水、提高身体素质的重要阵地。学校将跑操、跳绳、广播操和自编操相结合，通过 30 分钟的基本练习提高身体素质，并融入学校特色项目。"阳光体育"是学校组织当天没有体育课的班级在下午最后一节课开展活动，活动内容根据班级体育特色或学生体育兴趣制定，符合学生的运动特点，每班各具特色。

我们欣喜地看到，华阳的学生们日益热爱体育锻炼，并学会了体育锻炼的方法。他们将会养成终身体育锻炼的习惯，做一个热爱运动的"太阳娃"。而这，正是橙之健运动课程开设的初衷。

2. 蓝之海思维课程：我们好学善思

数学是培养学生思维能力的基础教育科目。传统教学把时间主要花费在知识、理解等低阶思维能力上，而分析、综合、评价等高阶思维能力只能留在学生课后自己完成，学生难以得到教师的支持和反馈。华阳“蓝之海思维课程”的宗旨是使学生获得可持续发展——学会观察、收集资料、独立思考、理性交流、小组合作、知识共享……由此促进学生会学、乐学、好学，培养他们勤学善思的品质。

经过十多年的坚持和改进，华阳小学在原有的“以学定教单元整体教学模式”的基础上，还精心设置了不同课型。“感受课”让学生充分了解本单元的陈述性知识，实现低阶思维能力的训练；“精学课”则致力于帮助学生发展高阶思维能力。我们惊喜地发现，原本沉闷的数学课堂变得生动活泼，原本禁锢的思维得到解放，教的课堂变成了思辨的课堂。学生们思维活跃，敢质疑，敢挑战。他们对自学内容有独立的思考，有个性的发现，并能提出有价值的问题；在课堂的互动中对学习内容进行有序的交流、分析、推理、辨析，做出理性的判断和准确的表述，进而形成对数学的清晰认识和见解，并能在课后恰当地运用，实现更广泛、更深度的拓展。无论授课者还是听课者都能享受课堂，感动于学生积极活跃的思维。

为了尊重学生的个性发展，我校还创办了“思维拓展训练营”，为部分学生提供探究高端性思维的平台，帮助他们往更广阔的思维园地发展。我们坚信，在“蓝之海思维课程”的滋养下，学生们一定能成为会学、乐学、好学的学习者。

3. 绿之趣阅读课程：我们享受阅读

语文是基础教育的重要科目，学语文，不是单学语文课本，而是要在广阔的课外阅读中提升人文素养，夯实语文基础。华阳小学自践行生本教育以来就提出了“大阅读”的教学观，将小课本与大阅读相整合，开展单元主题化阅读。经过多年实践，这一特色化做法已由教学改革上升为课程创生，形成了具有华阳小学特色的单元分类阅读课程。

在教师们卓有成效的实施中，这一课程培养出了大批热爱阅读的学生。“腹有诗书气自华。”阅读让学生们深切地感受到了语文的魅力，更主动地参与到语文学习中来。阅读为学生们的人生打下坚实的基础，让他们在人生之路上走得更稳、更远。

“小书虫”的讲述

陈泓颖

书，是一处你想去就去的故地，是一道百看不厌的风景。书有生命，它在表达自己的情感；书有活力，它像活泼可爱的小精灵……

我不爱去游乐场，不爱去商店，便在图书馆扎了根。清凉的风，淡淡的墨香，古朴的木书架，琳琅满目的书籍，这是图书馆留给我的印象。只要有空，我总会到图书馆，捧着一本书，津津有味、如饥似渴地阅读，沉浸在书海里，无法自拔。我跟书里的主人公一起探险，一起旅游，一起喜怒哀乐，仿佛我也是书中的一个人物。

那一天，我读的是《假如给我三天光明》。作者海伦·凯勒是一个被病魔缠身的女子。我读着读着，渐渐沉浸在书中具体生动的情节里。我多想穿越进书里，和海伦做伴，告诉她这个世界是多么美好。我愿意当她的眼睛、耳朵、嘴巴，和她一起探索这个世界的奥秘。这本书也给了我很大的启发，它告诉我一定要珍惜生命，感恩生命，永不言弃，自强不息，才能从平凡的人生中绽放出绚丽的花朵。时间老人悄无声息地走远，太阳和月亮打了一个照面，微微点头，缓缓地下了山。黑夜，拉开了沉重的帷幕。我丝毫没有察觉，还在书海里遨游。直到妈妈紧张兮兮地站在我面前，我才恍然大悟，因为沉浸在书海，我错过了与妈妈约好的见面时间。我依依不舍地把书放回书架，离开了图书馆。

“鸟欲高飞先振翅，人求上进先读书。”现在，读书已经成为我生命的一部分。一天不读书，心就会痒痒的。书已成为我的好朋友，更是我的老师，它让我快乐，它教会我做人的道理。

4. 青之跃探究课程：我们勇于探究

在华阳小学，有这样一群学生：他们喜欢幻想，喜欢探索，喜欢做科学实验。他们有的当上了电视科技小达人，有的在青少年创新大赛中屡获大奖，有的葆有持续不断的探索精神……这一切，跟华阳小学的校本特色课程——青之跃探究课程分不开。

毕国杰同学就是这样一个在“青之跃探究课程”里成长起来的“小发明家”。

2011 年，当电视上报道“温州动车相撞事故”的消息时，毕国杰同学脑海中闪过很多问题，突然，他从磁铁异极相吸同极相斥的现象获得启发：在同一轨道同向行驶的两列火车，如果在前车车尾与后车车头加装磁铁，并且朝外的为同性磁极，那么根据“磁铁同极相斥”的道理，理论上同向行驶的火车应该能避免追尾惨剧的发生。他决心一试，验证这一“想法”是否可行。在科技教师郑松南的指导下，毕国杰同学在两列火车模型一首一尾处设置磁铁，朝外的为同性磁极，并在轨道上演示，成功避免同向两车追尾事故的发生。这一作品“利用磁铁作用控制车距”获得了第 27 届广州市青少年科技创新大赛三等奖。

家庭浴室的活动花洒很是常见，毕国杰同学却发现，随着使用年限的增长，活动花洒的出水流速渐渐降低了，这是什么原因呢？经过查阅资料，他了解到这有可能是水里原先溶解的溶质在环境因素变化下造成微量析出，而且也不排除水中存有少量杂质，总之多种因素长期作用逐渐堵塞了出水孔，而这些微孔再次疏通实属不易。为解决这个问题，更换新的活动花洒是最方便不过的了，但他觉得换一次花费不菲。“除此以外有没有更好的方法呢？”思考中，他突然灵机一动，既然堵塞小孔的物质一时难以去除，那么可否把这些物质“隔离”在花洒以外，在花洒进水口处设置分隔滤网，从而避免花洒微孔的堵塞呢？他在学校科学教师的指导下做起了实验，在花洒胶管进水口处设置了滤网，就把水中能引起花洒堵塞的因素阻挡在花洒以外，就算这层滤网以后也被堵了，更换起来成本更低，操作也方便。实验大获成功，该作品“活动花洒”在第 28 届广州市青少年科技创新大赛中荣获三等奖。

2012 年，经层层选拔，毕国杰同学作为主力队员，代表广州市少年宫参加国际青少年科技创新大赛，与队友通力合作，经过不懈努力，斩获团体总分、才艺展示、动手技能测试三项第一，同时获得挑战项目和预设挑战项目两项第二的优异成绩。

5. 黄之魅展能课程：我们个性鲜明

“没想到，在中国，广州华阳小学现代乐团的艺术水平如此高，了不起！”这是世界著名电子音乐大师雅尼在社交平台上发出的由衷感叹。

2015 年 3 月中旬，远在北京进行世界巡演的雅尼，获悉广州有一个独特的小学生电声混奏乐团，欣然接受学生们的邀请，在广州与乐团学生们会面交流。3 月 21 日，华阳小学现代乐团在广州国际演艺中心与世界著名电子音乐大师雅尼进行了面对面的亲切交流。雅尼对于平均年龄只有十岁的学生能演奏出如此高水平的合奏赞叹不已！他对学生们说：“想不到你们这群小家伙，居然能演奏我的 *Santorini*，你们太棒了！我想对你们说，我爱你们！爱这里的每一个孩子！”雅尼还饶有兴致地研究学生们手中的乐器，并主动与学生们一一击掌，鼓励他们好好学习音乐。雅尼自始至终伴随的微笑，感染了在场的每一个人。

现代乐团的孩子们与世界音乐大师雅尼在一起

现代乐团是黄之魅展能课程中的一个重要部分，因为乐队合奏活动有利于学生平衡大脑的运行，培养学生敏锐的听觉，提高对于抽象艺术思维的感知能力，培养团队协作意识，华阳前任校长王建辉和现任校长周洁都高度重视郑海洋老师组建的这一“混搭”乐团。如今，现代乐团学

走在七色彩虹中

生们不俗的表现吸引了许多音乐及教育考察团前来观摩，他们不但自己享受到了合奏的快乐，也把他们创造的音乐之美，带给了更多的小朋友，并影响、吸引着更多的学生学习音乐。

对于华阳学子来说，有七彩课程陪伴他们的七彩童年，有自立课程教导他们学有所成，将来远行的每一步，都有了扎实的根基和幸福的回忆。

(三)生本课程百花齐放

“以生为本，小立大作”是华阳课程建设的追求，意在让每一个华阳学子、每一位华阳家长与教师一道，也让不同学科的教师互相借力，共同创生课程，享受“小立课程”的“大作功夫”，进而学得积极，学得活泼，学得自成。我们欣喜地看到，集体的智慧是无穷的，更多的年级课程、班级课程、学科融合课程正在展现独特的魅力，华阳的课程体系呈现出百花齐放、开放兼容、不断成长的面貌。

1. 粤语方言特色课程

粤语既是广东人日常交流的普遍语言，也是广府文化的重要载体。作为小学阶段的班级特色课程，让祖籍来自大江南北的学生们在有那么些“佶屈聱牙”的语音语调中，感受语言的声韵之美，体会方言的诙谐巧妙，体味广府人民上千年来积淀在其中的生活智慧和历史感悟，这是一个极有意义的全新尝试。

原五(6)班的粤语方言特色课正是在班主任邱靖老师的带领下开展起来的。邱老师是土生土长的广州人，她亲自开发课程内容，不但引导学生们用粤语学说“你好”“谢谢”“对不起”等日常用语，还了解“眼火”“牙烟”等幽默有趣的方言用词。课堂上笑声不断，学生们学得扎实、学得欢乐，既增进了学生们的语言技能，更丰富了他们的历史文化知识，增强了对广州和广府文化的认同感。对此，家长们也是好评不断，如该班一同学的爸爸说：

中华文明历经几千年，之所以能够生生不息，薪火相传，不是因为她的纯粹，而是因为她的博大和包容。金字塔的高度取决于基座的大小，让孩子在小学的时候，多接触多了解这些广博的、差异性的文化，对于拓宽眼界和知识面都有很大的裨益，也为日后知识体系的建立打下了良好的基础。

我是在北方长大的广州人，读大学的时候才回到广州，当时觉得广州很美但也很陌生。在火车站广场看着周围的人群，觉得自己就是个孤独的异乡人。直到工作后学会了说广州话，去北京路、上下九步行街可以和小贩们用白话讨价还价；参观陈家祠的时候，感觉更多的是回自家的老宅看看……这样才慢慢地觉得自己是个广州人了。

我的孩子生活在广州外来人口居多的天河区，虽是土生土长的广州人，但在这个缺乏粤语氛围的环境中，只能听懂一些简单的粤语，更无法用粤语进行交流。粤语有着源远流长的历史及不可替代的文化价值。熟练地掌握粤语，无疑对孩子以后各方面的发展都大有好处。

粤语特色课让孩子有机会体会粤语的魅力，激发了孩子学习粤语的兴趣，让孩子在普通话的学习环境中有机会了解粤语，学习粤语。“一方水土，一方文化”，希望我的孩子能在邱老师的带领下，继承发扬岭南文化，做粤语的实践者和推广者。

2.“文化之旅”特色课程

华阳的学生们视野开阔，渴望了解广阔的世界；华阳的孩子们热爱家乡，也希望认识更多的异域风情，单纯的文字阅读往往不能满足他们的迫切需要。鉴于此，原三(3)班的冯硕老师联合本班家长，推出了“文化之旅”课程。

冯老师充分利用现代化通信手段，在班级家长的微信群中发出招募信息：

假期旅游族们，你们可以走进课堂，来跟孩子们分享一路的所见所思所感，还等什么呢？拿起手机，报名参加吧，相信你会带给孩子们不一样的精彩……公开招募正在火热进行中……

热心的家长们纷纷走进课堂，给学生们带来了世界各地的风土地理和世俗人情的知识讲座。

珞谦爸爸以低沉的男中音，带孩子们走进古老的意大利，认识了巴洛克式和哥特式建筑，还了解了人才辈出的文艺复兴；亲切而专业的好雨妈妈带孩子们来到神秘的老挝，体验了不一样的自然美景和佛教文化，还让大家品尝了香喷喷的老挝糯米饭！

就在这生动活泼的课程中，学生们不但见识了气势恢宏的秦陵和惟妙惟肖的兵马俑，还知晓了动物天堂肯尼亚的多种野生动物和冒险经历……他们的世界在变大，他们的眼界会更宽广，他们的胸襟会更博大。

提供怎样的课程，就能培养出怎样的学生。“文化之旅”课程以学校为圆心，充分利用家长资源向外拓展，极大地丰富了学生们的见闻，必将为培养宽视野、大胸襟的人才打下良好的基础。

3.“逐日少年”游学课程

随着真人秀节目的热播，各地纷纷推出类似节目与活动。这不，逐日少年游学之“爸爸在一三”正向我们走来……

如果你认为这只是对电视节目的单纯模仿，那可就想错了。这是一场在班主任魏春燕老师和家长委员会精心策划下开展的游学活动。

游学活动在深圳南澳新区拉开帷幕，“爸爸在一三”的名字寓意爸爸回归小朋友们的学习生活。活动前后经历两天，主要由故事时间、寻找房间、陪伴睡眠、田间摘菜、集体野炊、篝火晚会、海边逐浪七个环节构成，每个环节都设计了考评项目，最后产生出“超级好爸”。

“爸爸在一三”游学活动让爸爸和小朋友走进对方，一起融入大自然，积累课外知识和技能，形成良好的心态及习惯，最终让小朋友在充满温馨、爱意的氛围中感受父母的信任、支持和爱。这一生本教育的独特诠释，也是逐日少年勇敢探索的一次有益尝试。有了这次良好的体验，相信“逐日少年”会走得更稳更远。

因为有您才会完满

——逐日少年游学之“爸爸在一三”活动

魏春燕　林庆管

七月骄阳
我们的希望
轻柔的海风是妈妈的胸膛
坚实的田埂是爸爸的臂膀
我欲乘风远扬
因为有您才会坚强

——题记

我们是华阳小学一(3)班新生，我们崇尚华阳小学的教学理念和逐日精神，我们就是华阳46名“逐日少年”。

我们知道，新时代小朋友的成长不应仅侧重于学术知识的积累，更重要的是对综合素质、生存能力的培养。安逸的生活条件让我们缺乏许多本应具备的生存技能和优秀素质，我们对于“亲情”“手足”的解读更因为家庭环境的局限而受到限制。我们需要走出课堂进行游学，我们需要体会集体生活的万千滋味。

我们理解，爸爸们身挑工作重担早出晚归，陪伴我们成长的时间不够，对妈妈们抚养我们健康成长的体会不足，且随着我们的成长，爸爸的角色对我们的影响将会日益重要。

为什么我们小朋友总不能自觉学习？为什么我们总是无法理解父母的用心良苦？为什么父母总是不敢相信我们小朋友在某些事情上的独立？为什么父母总是难以走进我们小朋友的内心？我们大家都需要反思，需要改变。

带着上述种种期许，2015 年 7 月 4 日，我们班的“爸爸在一三”游学活动在深圳南澳新区拉开了帷幕。

这次游学活动，班主任老师与家委们精心筹划准备，取名“爸爸在一三”，寓意爸爸回归我们小朋友的学习生活。活动前后经历两天时间，主要由以下七个环节构成：

第一，故事时间。为充分利用时间，在从广州到目的地途中，我们组织爸爸们通过读故事、诵诗歌等方式与小朋友们互动，寓教于乐，重温经典。

第二，寻找房间。我们通过抽签方式让小朋友领取自己的房号，并带着爸爸找房子办理入住手续。这一环节让我们小朋友学会基本的生存技能，分担爸妈的劳动。

第三，陪伴睡眠。爸爸在没有妈妈帮助的前提下要做好小朋友的洗漱、午睡和晚睡。爸爸们根据小朋友的特点各施奇招，哄小朋友尽快睡着。通过这一环节，爸爸们真心体会到照顾小朋友生活起居的不易，感动于妈妈们平时的付出。

第四，田间摘菜。小朋友根据要求的品种、数量下地采摘蔬菜水果，除了体会田间嬉闹的快乐，还学会了相应蔬菜的性状，也体会到农民伯伯的辛苦付出，懂得珍惜节约。

第五，集体野炊。爸爸与小朋友一起洗菜做饭，让小朋友们学会基本生活技能，让爸爸重温童年时光。此与饭菜滋味无关，重在甘甜已在心田。

第六，篝火晚会。晚会上，通过拔河比赛、跳集体舞，让小朋友体会集体合作与成功失败，让爸爸妈妈们加深了解并团结协作，让大家一起感悟生活的美好与时光的宝贵。

第七，海边逐浪。小朋友与爸爸妈妈一起到海边游泳逐浪，让小朋友通过感受大海的宽广浩瀚来培养自己广博的胸襟。

以上环节都设计了考评项目，最后根据每个团队及小朋友的表现评出团队名次及个人奖项，产生“超级好爸”。

回想活动中的一幕幕场景，我们无限感慨，感慨于小朋友的团结进取，感慨于大朋友的包容付出，爸爸们的投入使这次游学活动变得完满：

一是教育模式的完满。在崇尚素质教育的今天，停留于课堂学习明显不够，学校应鼓励学生走出课堂，让学生通过真实体验来积累知识、学习技能、丰富人生。这次游学活动，让小朋友拥抱大自然，在田间观察植物生长，在野炊过程中学习生活技能，在大海中拥抱宽广胸怀，从而使教育模式变得完满，这是华阳小学生本教育的真实体现。

二是班级建设的完满。这次活动有老师参与其中，家委奉献其中，无不融入班级建设的考虑。让家长跟老师生活在一起，通过交流，家长更加深入了解小朋友在校情况，老师更加了解家长教育理念和社会资源，家长们加深了认识，创造了和谐氛围，小朋友之间更是加强了同学情谊，这对班级的和谐发展将起到积极的作用，从而让班级建设变得完满，这为小朋友的安心学习创造和谐氛围。

三是家庭教育的完满。大部分爸爸的思维惯性认为小朋友的教育应由妈妈承担，但科学调查表明，爸爸在小朋友的成长教育中起着非常重要的作用，尤其随着小朋友的长大，这一作用将日益重要和明显。通过这次活动，让爸爸回归家庭教育，且是以主要角色的方式融入，让家庭教育变得完满，这为家校共建、和谐育人奠定坚实基础。

四是家庭生活的完满。“摸着你的手就像左手摸右手”，这句喜剧台词道出了亲人间激情的淡化。这次活动，让爸爸体会当“奶爸”的不容易，进而感激妈妈为家庭的付出，从而让家庭生活变得完满，这为小朋友的健康成长提供良好环境。

本次“爸爸在一三”游学活动，通过情景模拟和角色互换的方式，让爸爸和小朋友走进对方，一方面让小朋友融入大自然，积累课外知识和技能，形成良好心态及习惯，最终让小朋友在充满温馨、爱意的氛围中感受父母的信任和支持，理解父母的良苦用心，学会感恩，珍惜父母的爱。另一方面让爸爸们感受与小朋友共同成长的乐趣，学习亲子沟通技巧，改善亲子之间的关系，懂得尊重小朋友，赢得小朋友的信任。同时，让爸爸体会妈妈平日照顾小朋友学习生活的不易从而感激妈妈的付出，也让妈妈再次感受爸爸的魅力与激情，进而促进家庭的和谐美满。

本次游学活动是华阳生本教育的诠释，是逐日少年勇敢探索的尝试。有了这次良好的体验，相信逐日少年会走得更稳、更远。

心自由

行至远

逐日少年已扬帆

因为有您才完满

三年级别具特色的武术课程、语文教师叶延萍和美术教师张惠丽独出心裁的“画中话”课程、四年级的“做中学”课程……教师、家长、学生齐心协力、协同创新，华阳特色课程体系永远在构建中、在行走中、在成长中……

二、以学定教，全面提升

在华阳小学举办的一次全国研讨会上，朱小曼教授说：“生本教育其实就是一个释放生命能量的教育，是激扬生命的教育。它能把生命的理想，生命中对真的、善的、美的，向往美好事物的那种追求引发出来！”郭思乐教授也反复强调：“儿童是天生的学习者。”“儿童人人可以创新。”“儿童潜能无限。”他认为，相对于学生生命体，教师应该是一个“牧者”。教师帮助的意义仅仅是激发和引导，教师的作用就像是在点燃火把。他倡导教师应被称为“生命之牧者”。华阳人深得“生本”三昧，把课堂建设成教师点燃激情，让学生燃烧学习热情的七彩舞台。

(一)教师这样教

生本教育倡导让生命自己行动的教学观。我们以教材为载体，从整体输入，到局部感悟，再到整体输出，都关注教师与学生在共同学习中知识与技能的生成，从而激发兴趣，培养学生自主学习的良好习惯，进而让学生学会学习、学会生活、学会发展。各学科的教学都讲究以学定教，先学后教，先做后学，先练后教，少教多学，不教而教。

1. 生本课堂教学的特点

生本课堂教学注重让学生明确自身在学习过程中的主体地位，发挥自身的主体作用，激发其学习的内在动力和热情，从而使其个性得到发展，思想得到解放。

生本课堂教学关注学生自然的线性成长过程，课堂成为分享学习成果的过程，成为欣赏、鼓励、援助的互动过程，而这些过程，都是学生生命发展的航标，更是学生个性展现的舞台。它真实、具体、鲜活地体现着以学生发展为本，尊重生命的提升，从而促使课堂学习的动态生成，可感、可亲、可信、可学。

(1)提倡自主合作学习

生本教学引导学生在合作探究中去发现，鼓励学生在展示汇报中去体验，诱发学生在讨论交流中质疑，促使他们做到眼到、口到、手到、心到，拓展更多的时间、空间，使课堂教学呈现百花齐放的良好态势，也实现了以学定教，以小识大的构想，成功构建了自主合作的学习型课堂。因为提倡自主学习和合作学习，我们的课堂上，全体学生全方位、全过程地自觉参与，人人有事做，事事积极做，学生的学习热情不断延伸，持续高涨。

(2)教学过程简单化

生本的课堂学习过程线索清晰，只要遵循学生天赋的学习本能与学习框架，就能达到教学的水到渠成，长此以往，教学就变得简单而轻松。

学校各学科各年级都根据教材的特点、学生的实际以及教学目标的达成，设定了各种易于操作、实效性强的课型，如导读课、讲授课、复习课、巩固课、技能课、知识整理课、习作讲评课……教师们在教学的过程中，一方面有章可循、有据可依，另一方面又不断发挥自己的主观能动性，师生一起在体验中创新，在创新中发展，在发展中成长，实现教与学的和谐共长。

当然，简单化背后的支撑是教师深厚的功力和十足的功夫。生本课堂需要教师把握学生的实时学习动态，进行无痕的引领、有针对性的诱发和有创意的调控。

(3)教学评价生本和谐

教学本身就是不断发现问题和解决问题的过程。我们关注的是学生从发现问题到解决问题过程中的收获与生成。所以，我们允许学生在学习过程中出错，并营造空间和时间引导学生凭借自身拥有的学习经验进行互相评价、更正错误以及总结预防再次出错的方法。于是，“评研”应运而生。

所谓评研，就是评价研讨，学生自行发现学习上的问题，通过小组内自主合作交流，寻找解决问题的办法。评价走向生本，学生乐此不疲地分别充当教师与学生的角色。他们既是接受考评的学生，又是考评别人的导师，这种角色的并存，让应试教育“谈考色变”的紧张焦虑转化为生本评研的“让我欢喜让我忧”的轻松愉悦，真是“知之者不如好知者，好之者不如乐之者”。

对学习评价的喜好是学生自身和谐发展的源头活水。作为教师，再也不用挖空心思去出题考学生，更不用在题海中带领学生艰苦跋涉，只要做个旁观者，关注学生的评研过程，让“横看成岭侧成峰，远近高低各不同”的个性差异向新的台阶全面迈进，学生就能自觉地在评研中识别学习的优劣，在欣赏时学会取长补短。

2. 立足课堂，发展学生

华阳生本教育的前提是：充分相信每一个学生天生具有学习的欲望，相信每一个学生都有自主学习的能力。华阳生本教育实践的立足点是：充分尊重自然，尊重每一个学生的特点，把学习的主动权交还给学生，使学生成为自己学习生活的主宰。

(1)课前与课后

立足课堂，发展学生，教师们通过极其简约的“教”，推动学生去创造、学习、言说和思考，以领略大自然赋予他们的充满精美和神奇的巨大可能性，进而不断地获得精神解放。

课前先做后学，开展前置性研究：将新授内容当作鱼饵，教师艺术性地将鱼饵抛出去，让鱼儿咬钩，钓出来的是学生们无穷的智慧。用教育专家林格先生的话说：教育者唯一要做的事情，是保护甚至捍卫学生的主动性。在布置学生们完成前置性研究这一作业时，根据教学内容，可提供如下思路：整体感知、作批注、课外延伸。

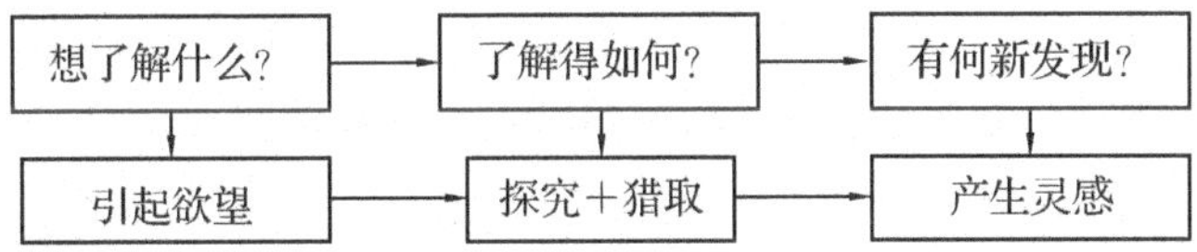

方法大体如下：

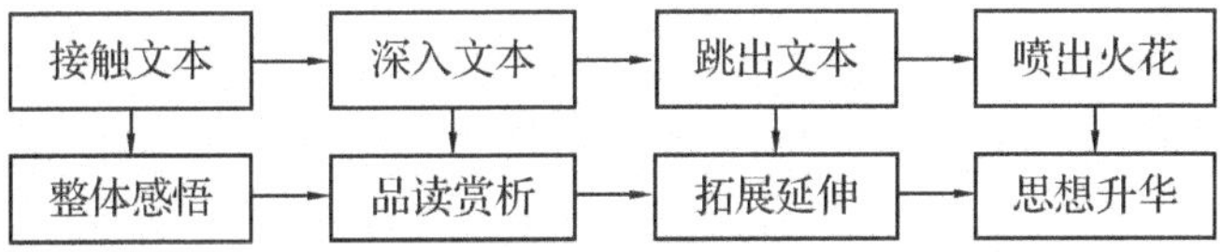

课后进行知识整理与评研。生本忌讳的是无休止的考试，倡导的是评研。评研的过程是学生再学习的过程，也是温故知新的过程。生本理念下的评研活动，根据教学目标，让学生整理知识，分类归纳；带着问题，组内评研，并集中组织语言，准备面向全班分享；然后开展班级评研，汇合成卷，组织自测、互评，最后到教师评。

通过这种互动式的综合测评，自始至终体现学生的自主性、合作性、交互性、创造性和兼容性，全体学生全方位地参与教学与评价的整个过程，教师起点拨与调控作用。评研的过程中，也是自我学习、自我反思、自我表达、自我检测、自我修正、能者为师、优势互补、共同发展的过程。

(2)学生这样学

在生本课堂上，学习的主动权始终掌握在学生手中。好比放风筝，教师是托举风筝的人，学生自然就是那五彩缤纷的风筝。教师不失时机地拉一拉线，让风筝借助风力翩翩起舞。

华阳学子的学习，是一个课前、课中、课后贯通一气的完全过程：

课前——前置性主动学习。根据教师布置的学习任务，首先独立思考，自己总结、整理、归纳知识点以及自己认为最有价值的题目，并进行小结。

课中——积极探究学习。按照学生的综合能力进行分组，在小组内讨论交流，然后上台展示。教师不教而教，仅在关键处点拨，也就是“讲在关键处”。总而言之：把课堂还给学生，教学便充满活力。

课后——生活中的学习。记得生本实验一轮结束后，有教师在总结中这样说：“生本，其实很简单，课堂学习结构简单，却尊重了学习者的本然；课堂学习过程简单，却焕发着生命的活力；教学指导策略简单，却能陶冶无穷的智慧。”

是的，因为尊重了学生的生命，尊重了他们学习的本性和本能，生本教学变得十分简单而又有趣，富于生命力，难题总是在不知不觉中迎刃而解，学习的效果给教师们的感受是：本来想给学生一片绿叶，没想到他们收获了一个春天。

听听一个学生对读书活动的精彩感悟吧：

我只能用一个和读书风马牛不相及的成语来形容读书，就是“风平浪静”。“风”是指现在全球都在掀起一阵读书风的热潮。“平”是指我们看了书以后，往往会因为书中人物的悲惨命运或遇到一些不公平的待遇而感动或悲伤，但是如果你细细品味，你也会慢慢平静下来，这就是书带给人的力量。“浪”是指看了书以后，心情会随着书里的内容像波浪一样不断起伏。“静”是指当你在烦躁不安的时候，随便翻开一本书，无论是《西游记》还是《红楼梦》，无论是《三国演义》还是《水浒传》，都会让你的心情慢慢平静下来，融入书中。

多么深刻而又独到的领悟，多么准确而又富有思辨性的表达——聆听着这个不满十岁的孩童的话语，我们不能不为她喝彩，为生命喝彩，为华阳喝彩，为生本喝彩。生本教育，大道至简至易，遵循学生自然生长之道，顺势而导，水到渠成，这是教育教学最美好的自然生态。

孩子们在分享阅读心得

(二)难忘的建模岁月

十多年前，华阳小学为走出“学生为学而困，教师为教而愁，家长为孩子厌学而烦”的发展困境，参与了郭思乐教授生本教育的课题研究。历经三轮 12 个实验班的创新改革实践后，华阳师生书写了以生为本的精彩，极大地改变了华阳小学的教育生态。

然而，2010 年，国家要求统一选用教材，华阳小学各科由原来使用的生本教材换为国家统一的教材，而我们的课堂还是生本的课堂。如何在华阳小学十几年的生本教育教学资源的积累之上，用好新教材，实现生本教学理念，找到更适合学生发展的课堂模式呢？这对于华阳小学和教师真的是任重而道远。

1. 研模：把生本进行到底

面对新教材带来的改革契机，已经尝到了生本大教学观“甜头”的华阳人充满了期待。华阳小学语文科的“领头羊”特级教师何建芬当机立断：改教材不改教法，把生本进行到底。

由华阳生本第一人何建芬老师挂帅的生本研究室，从一年级开始进行实践探索，在原来“先学后教，少教多学”的基础上研究“以学定教”的教学方案，并对新的语文教材进行了有机的整合，提出了科学整合教材，以学定教，以阅读课文为主线，以自主合作为契机的单元整体教学的模式。

在王建辉校长的指导和何建芬老师的引领下，一年级语文备课组开始研发语文“以学定教单元整体教学模式”相关的课型。经过两年“从无到有”的实践探索，“以学定教单元整体教学模式”初具雏形，并在数学、英语学科中全面展开探索，深入总结前期经验。

2012年秋天，恰逢天河区教研室开展建模、学模工作，已经积累了三年的“以学定教单元整体教学模式”再次迎来了修正、完善的契机。华阳生本研究室的成员们在王建辉校长的指导下，整合语文、数学、英语各科在用模中的优势，全面概括了华阳小学“以学定教单元整体教学模式”。当该模式以唯一一所小学的教学模式入选广州市《课堂教学新模式》一书时，教师们深情地注视着书中几经易稿的模式示意图，感叹岁月难忘，誓言风雨兼程。

2. 拓展与完善

在华阳，如此执着团结、不懈追求的团队何止语文科组一个。

继语文科组之后，数学和英语学科在生本研究室专家王建辉校长和何建芬老师的引领下，提出各科构建“以学定教单元整体教学模式”的研究假设，从学科的特点出发，以单元作为教学的基本单位，有机整合课程资源，整体构建单元目标，探索具体的实施步骤及各课型的设计与运作。从教学目的的明确，到课型的确定，到每课的设计，到知识与技能的融合，到学情调查表的编制，到作业的布置，各科利用自主教研和集中教研的时间对模式的具体课型做专题研究，深度探讨，模式在行动研究中不断修正和完善。

不管是研模还是用模，执着追求，勇往直前的华阳人争先恐后，齐心协力，在实践中不断创新，不断完善。

3. 定模

夜色笼罩中的林和东校园特别的柔和，宁静，似乎听不见林和东路上车水马龙的喧嚣声，侧耳倾听，仿佛还能听到校园里植物拔节生长的声音。

"'以学定教'是教师根据学生的学习情况来确定教学方案，这是否是我们模式的核心？"

"赞同，但是后面要进行补充说明：教师的'教'与学生的'学'的关系，这样表达更严谨。"

"教师既要充分关注到学生的'学'，又要重视教师的'教'，教师在关注学生'学'的同时也将带动教师的'教'，从而达到教学相长的效果。"

"不错！"

"拓展课型中第一个环节'明确任务'和感受课型中的第一个环节重复了，大家看怎么改更贴切些？"

"感受课型中的第一个环节应改为'设定任务'，因为感受课的学习任务是根据单元内容、学习重点和学生的学习基础预设的……"

这是教学楼一楼会议室传出来的讨论声……

为全面概括"以学定教单元整体教学模式"和不断完善各课型的操作系统，生本研究室的成员们连续几周集中研讨，已经到了最后攻关的时刻。研讨从下午的三点五十分一直持续到晚上九点，仿佛周围的一切都静止了，只有手中的稿纸和投影幕上的文档在翻动、跳跃。大家凝神思考，轻声交流，时而提出疑惑，时而提出建议。负责记录修订建议的李焕老师敲击键盘的嗒嗒声不时被"新点子"和各种关于细节的疑问所打断，大家逐字逐句地斟酌，修订了再修订……每个人都是那么热切地想把每个细节做到最好，直到几经易稿的模式和各课型的教学流程臻于完美。

历经多年的研究，“以学定教单元整体教学模式”于广州市中小学课堂教学模式评比中荣获一等奖，并入选《课堂教学新模式》一书，面向全市范围进行推广，这也是全市唯一一所小学入选的教学模式。

(三)将优化进行到底

教学模式源于教学实践，又反过来指导教学实践。“以学定教单元整体教学模式”定模之后，我们走过了三届“华阳杯”生本教学大赛。比赛分语文、数学、英语、专科四大科组，按主题汇报、课例展示、教学反思和成果呈现四个环节进行，围绕“以学定教单元整体教学模式”的课型，利用自主教研和集体教研的时间进行集备研讨。参赛教师团队在生本理念的引导下，时刻关注学生的课堂生成，用灵活的方法、自然的教态、流畅的语言、有趣的情境，呈现出了灵动的课堂。但在实践中，教师也发现了一些问题：模式实际运作的个案支持不足，范式操作缺少具体实证研究；模式中主要的学习方式——小组合作、学习缺乏实效，影响了课堂教学的效果；教师角色出现边缘化，教师在课堂上未能适度把握及时指导和“不限自我”的程度，导致学生课堂学习表面热闹有余而现场生成不足，甚至空泛；模式在课堂教学流程上未能体现灵活的变式，教师未能根据学生的学习需要，发挥教师个人的教学优势。

于是，优化研究浮出水面，意在对“以学定教单元整体教学模式”“感受、精学、拓展、整理”四大课型和运行策略的优化进行探索，以实现课堂教学的最优化。

在实践研究的过程中，教师们一步步走来，他们熬红了双眼，只为克服一个个困难；他们尽心尽力，精益求精，只为找到最佳的优化途径。多少个日日夜夜，多少次研习演练，他们取长补短，群策群力。是的，“逐日远行”的华阳人永不停步，为了“以学定教单元整体教学模式”的完善和可持续发展，华阳人永远在教改科研的阳光路上……

第四章

华茂：少年精英，逐日远行

在华阳，因为爱的情怀，因为梦的七彩，因为理想的宏阔和生本的实践，华阳学子一颗颗跳动的心，一张张稚嫩的笑脸，编织着、欢唱着一曲曲动人的歌。“心自由，行至远”，渐渐地，从他们的队伍中，走出了一个个逐日远行的少年精英，他们乳莺初啼声声清脆，他们轻舟扬帆，航过万重山。

“荣曜秋菊，华茂青松”是曹植《洛神赋》中对美人风度、仪态和神采的比拟。看那一个个昂首迈步而来的华阳学子，看那一个个逐日远行而去的少年精英，不正是一棵棵挺立超拔、华美茂盛的小小青松……

华阳舞蹈队荣获广州市中小学舞蹈比赛一等奖

一、张扬个性，放飞心灵

按照现行的小学学制，学生将在小学学校里度过六年时光。从他们背着书包走进小学校园那天开始，他们少年生命中的大多数日子，每一天的大多数时光是在校园度过的；一天又一天，一年又一年，从六岁到十二岁，从一年级到六年级，他们在校园里如何生活、如何成长将直接影响到他们每一个人的未来，也将影响到民族的未来、社会的未来、文明的未来。

今天，华阳的学子们在以生为本的校园里张扬个性，放飞心灵；明天，华阳的学子们将创造一个个过人的业绩，将书写一份份完美的答卷。

(一)校园生活：一天与六年

每天，当太阳把金色的光辉悄然披洒在一朵朵美丽的花儿上的时候，当微风轻柔地吹动和托起一丝丝花絮的时候，当美丽的花瓣在空中悠悠地打几个卷儿，再轻轻落地的时候，华阳学子们正快乐地徜徉在美丽的校园里，自由地行驶在文化的海洋中，幸福地享受着烂漫的生活，茁壮地成长。

穿过彩虹门，跨进新学年

1. 快乐的你

成长着的孩子，快乐着的孩子，学习新知，参与活动，描摹梦想，展示自我，慢慢地，学生们在华阳长大，仍旧活泼可爱的他们，在成长中越来越蓬勃向上，光彩煜煜。

小豆丁成长记

杨芷琳

还在上幼儿园大班的时候，我就参观过即将入读的华阳小学。整洁的校园，浓厚的学习气息和可爱的导游哥哥姐姐们给我留下了深刻的印象。从那时起，我就深深爱上了这个以生本教育著称的华阳小学。

我在一年级新生报名现场

开学报名那天，我兴奋极了，忍不住在校园里翩翩起舞。我为自己成为华阳小学的一颗小豆丁而感到无比自豪。

作为优秀学生代表在国旗下讲话

当我还沉浸在开学的喜悦中时，我突然发现了自己和同学们的差距。大部分同学都已经能够朗朗上口背读 a、o、e，而我还从来没学过拼音呀！我会成为差生吗？带着半点担心，半点疑惑，继续着我的学习。然而，惊喜却不断地向我招手：老师上课时让我们提出自己的观点和方法，让我们以小组为单位讨论问题、寻找答案；老师还推荐了很多好书供我们阅读；老师表扬我认真听课，表扬我每天的作业登记本写得整齐漂亮……我的拼音、我的词汇和我的阅读能力在不知不觉中得到了积累和提高。

在华阳小学生本教育的土壤里，我这颗新鲜的小豆丁很快开始发芽了！个子小小的我成了老师的得力助手，带领同学们列队做操，每天喊着响亮的口令协助老师管理班级。

大队辅导员叶老师经常对我们说："机遇是可遇不可求的，只有你在平常好好抓住每一个机会，无论成功与否，你都要勇于挑战自我，这样你才会得到更多的锻炼机会，机会在每个人的面前都是平等的。"

记得二年级那年，我想参加大队委的竞选，原以为是老师推荐的，结果学校要求我们参选的候选人都要精心制作竞选海报，还要每天利用课间和午间的时间，轮流到每个班级进行两分钟的自我介绍和演讲，并接受全校同学的贴红花投票。我不敢怠慢，和爸爸妈妈认真准备竞选海报，背诵竞选演讲稿，在爷爷奶奶面前练习出场礼仪……就这样，之前在同学们面前腼腆胆怯的、说话还有点结巴的我，竟然可以自信地举着竞选海报，从容地走上各班级的演讲台展示自己，大胆地接受同学们的小红花投票并成功当选大队委员！

在老师们的培育下，我这颗小豆丁继续茁壮成长，大队委员、小主持人、红领巾小记者……学校给了我们很大的成长空间，也提供了很多锻炼的机会。

感谢华阳，感谢亲爱的老师们！我们这些华阳小学里的小豆丁们一定会努力吸取华阳土壤里富足的养分，终有一天会快乐地成长为枝叶茂盛的参天大树！这就是华阳，以学生为本，创造机会让我们去尝试，去挑战自我！

双胞胎的快乐大本营

陈一飞

我们是一对双胞胎姐妹，我是姐姐飞飞，我是妹妹扬扬，我们都来自四(8)班。

虽然在同一个班，但是我们有各自的朋友圈。飞飞的朋友男生居多，飞飞觉得男生比较大气，对事情不会斤斤计较，还可以玩掰手腕、抢篮球等游戏；扬扬的朋友是女生多，扬扬觉得女生比较斯文，不容易打架，也不会像男生玩起来那么“疯”。每次下课铃一响，飞飞马上飞奔出去玩，扬扬则喜欢安静地躲在课室里看看书，做作业，跟同学聊聊天。

在班里，我们分别属于不同的小组，经常参加不同的小组活动。我们的课余生活也是多姿多彩的。我们参加了网球兴趣班，为了锻炼配合双打，飞飞一直是左手握拍，扬扬是右手握拍。我们喜欢看网球比赛，偶像费德勒也有一对双胞胎女儿。

学习上，飞飞属于粗线条，虽然成绩有点波动，但总体来说还是很不错；扬扬因为认真，所以成绩一直比较稳定。我们平时作业基本不用爸爸妈妈操心，因为我们经常互相听写、互相背书、互相检查。当然，我们不会互相包庇，如果谁在学校里有什么事情，另一个肯定会向爸爸妈妈“打小报告”。我们平时也会经常因为一些鸡毛蒜皮的事情吵架，但是，很快就会和好了。我们有这么多相近，又有那么多的不同，在学校生活中更是如此。我们各自感受着不同的校园快乐，分享着不同的幸福与趣事。

我们在华阳小学已经四年了，华阳小学是我们读书、学知识、交朋友的地方，学校里有活泼可爱的同学和爱岗敬业的老师，我们都热爱我们的学校。

2. 忧伤的你

岁月是一首如歌的行板，充满了相遇的惊喜与别离的忧伤。伴随着六月的临近，骊歌年年奏起，曲调又在重弹。那些六年级的学生，带着即将分别的愁绪，带着对母校的诸多不舍，心情竟然是无比的复杂与感伤。

永远的六班——友谊不散场

邓泽莹

语文老师说，友谊是一张报纸，永远有新的消息。数学老师说，友谊是一条射线，有定点无定长。物理老师说，友谊是一个没有电键的电路，永远有效应。而在我看来，友谊是春天的第一声春雷，永远充满青春和活力，正如我们永远的六班一样。

今天，是我们在华阳小学的最后一天，也是我们在六班的最后一天。虽说天底下没有不散的筵席，但是，我多想，让六班成为永恒，让我们的友谊永远不散场。

“丁零零”，响了六年却又令我们百听不厌的上课铃，带着最后一次见面的不舍悄悄地来了。上课了，老师还是站在那个位置，在黑板上留下一行熟悉的字体。可我们，早已在老师的教诲下，由一个个懵懂无知的小孩长成一个个知书达理的少年。似乎已经提前感受到离别的气息，今天的课堂异常安静，平时在课堂上总是沉迷于漫画王国的同学，抵制住了画册的诱惑；喜欢上课折纸飞机的同学，也悄悄地把工具收回到课桌抽屉里；爱发呆的同学也一反常态，把四处乱飞的心“锁”住了；就连平时淘气的同桌也乖乖地挺直腰板，两只手摆放得整整齐齐。大家都在小心翼翼地维护着这最后一节课。而讲台上，从老师一张一合的嘴唇中蹦出来的“大道理”，听起来是那么悦耳，那么动听。

然而，这一切终究还是被打破了。本应欢快的下课铃仓促地敲响了，小学阶段的最后一节课落下了帷幕，毕业典礼缓缓向我们走来。

舞蹈、小品、合唱，六年级各班的代表用不同的表演形式，来倾诉他们内心的不舍以及对华阳这个大家庭的留恋。轮到我们六班的节目——诗朗诵了。站在高高的舞台上，我看到了舞台下许许多多的面孔，既熟悉又陌生，从他们的神情里，我读懂了六年的师生情、同学情，不禁百感交集。舞台上，老师微笑着，朗诵那早已熟记于心的词句，从同学们的麦克风中传出来的声音也是认真、动情的，我们都希望留给母校的最后一场演出是精彩的。不经意间一抬头，我看见了大屏幕PPT滚动着的时间轴，正以倒叙的形式娓娓道来——公开课上的热火朝天，运动会上的齐心协力，经典诵读比赛上的抑扬顿挫，颁奖典礼上的兴高采烈……我们这六年有汗水有疲惫，有笑脸有阳光。往事好比投入池底的沙子，轻轻搅动池水，泛起了涟漪，我的双眼渐渐模糊了。是啊，这就是我们的六班，属于我们的记忆是永远的！

曾经的华阳，永远的华阳。金色的童年，金色的校园。学生们在新奇的目光中喧闹而来，可爱稚嫩的脸庞，溢满无限的期待。学生们在校园里尽情学习，领略知识的神奇，快乐生活，张扬生命的光鲜。学生们用火热的情怀，诠释华阳的美好，诠释生活的多彩。

毕业了，奔赴各个学校的小伙伴们，有过六年成长路上的陪伴，带着教师殷切的希望，带着无数美好的记忆，奔向梦想的栖息地。华阳小学的生活沉淀为他们生命的底色，一切都那么美好，一切都那么快乐。

(二)迟开的花儿

有两个孩子，相信大家都认识，那就是“别人家的孩子”和“个别孩子”。当“别人家的孩子”在课堂上积极发言侃侃而谈时，“个别孩子”连举手的勇气还没攒够；当“别人家的孩子”在课堂上专心致志端坐得像一位士兵时，“个别孩子”时而钻到桌子下，时而在教室里走来走去，甚至潇洒地跑出教室；当“别人家的孩子”课间与小伙伴开心游戏时，“个别孩子”经常被投诉欺负同学；当“别人家的孩子”回家后自觉认真完成作业时，“个别孩子”在父母的监督下仍三心二意，心不在焉；当“别人家的孩子”遨游书海博览群书时，“个别孩子”尚未找到书海的入口……

每一所学校，每一个班级，既有“别人家的孩子”，也有“个别孩子”。在“一切为了学生，高度尊重学生，全面依靠学生”的生本理念指引下，华阳小学的教师们尊重学生之间的个体差异，并根据学生们不同的特点，给予他们有针对性的指导和有实效的帮助，给予他们充分的信任和耐心的等待。毕竟，成长从来都不是一件急于求成的事情。

是的，每个孩子都是一朵花儿，只是一年四季开放的时间不同。当人家的花儿在春天开放时，你不要急，也许你家的花儿是在夏天开；如果到了秋天还没有开，你也不要着急踩他两脚，说不定你家的这棵是蜡梅，开得会更动人。

牵着蜗牛去散步

时间过得真快，转眼孩子在华阳已过了一半的小学生活了。记得开学第一天，孩子片刻也不曾安静地坐在座位上，他在教室里走动，甚至跑出教室，老师一次次不厌其烦地将他牵回教室，放学时牵着他的手送回我的身边。一年级时，孩子的状况不断，在课堂上走动，钻桌子，追赶着女生满操场跑，和同学打架，甚至逃课……四面八方的投诉让我疲于应对，我经常埋怨他没做好，强加了一些任务以至揠苗助长。入学的第一个学期很少见他有发自内心深处的快乐，班主任柯琳老师多次找我聊天，告诉我要捉住孩子的闪光点，多鼓励，帮助他一点点进步。语文老师讲了一个“牵着蜗牛去散步”的故事，传递给我“慢教育”的理念，点醒了我这个浮躁且迷茫的家长。

老师不仅自己耐心等待和培育，还号召同学们一起关爱他、帮助他。课堂上只要他积极举手，大家都会把发言的机会让给他。他的一些小恶作剧，同学们也会原谅他。每学期的出游，为了安全，同桌都会和他手牵着手，形影不离。

在华阳的第一个儿童节，班里的同学和家长对排练的节目倾注了很多心血，寄予厚望，然而我的孩子不愿意合作，成了里面不和谐的音符。部分家长向班主任投诉并且要求在节目当天不要他上台表演，班主任柯老师没有接受并且鼓励我坚持。当天我牵着孩子的手一起站在了舞台上，同班里的所有同学一起顺利的演绎节目。柯老师的那句“宁愿节目拿不到名次，也不能让一个孩子掉队。”至今让我感动和钦佩。感谢老师的坚持和不放弃，不仅仅是为孩子争取了一次表演的机会，更是让孩子知道自己是集体的一分子，增强“我能行”的信心，也为家长打了一针不会放弃的强心剂。

一年级期末评研时，老师曾因为怕他无视考场规定，请我去班上监督他考试；二年级期末评研时，老师许以糖果奖励他自觉认真地完成考试；三年级期末评研时，当老师再以糖果许诺他时，他对老师说：“柯老师不用了，这是我的事，我会好好做的，你放心。”

感谢华阳，感谢生本，给予孩子自由发展的空间，为孩子的健康成长撑起一片天。我也明白了，不要把教育的拳头攥得那么紧，大手牵小手，走好每一步，小天使真的会带来惊喜。我的孩子啊，是大树就枝繁叶茂，是小草就摇曳多姿。

用爱点燃一盏心灯

女儿不知不觉长大了。从外表看，她是个长相端正健康的孩子。我曾经像许多妈妈一样，期待孩子健康快乐地成长，平安踏实地生活一辈子。然而，所有的期望在听到“阿斯伯格综合征”这个词后就破灭了。那一刻，我才知道世界上还存在这样一类特别人群，他们有社会交往和语言障碍，不理解正常的人际交往规则，以“自己”的思维和行为方式活在日常社会中，难以自立，难以产生友谊，容易被人们误解和排斥。因为找不出这种障碍产生的原因，他们无法用药物治疗，只能依靠教育训练而改进。

那一刻，我仿佛跌入深渊，绝望于为什么孩子要沾上这种小概率事件；痛苦于如果孩子一直这样下去，她的未来在哪里；迷茫于以后的路该怎样走，还能继续在学校待下去吗？

没想到，华阳小学作为全省的示范小学、“窗口”小学，竟然接受了我们特殊的请求，接受了这个特殊的孩子。而且，在睿智的校领导、有爱心和责任心的老师、天真善良的同学和真诚包容的家长的共同支持下，她开始了小学生活，开始了融入社会之旅，开始了启迪心智之路。

在华阳这个充满友爱的集体中，孩子不再我行我素，已经开始主动关注周围的人和事，有意识地遵从规则了。

点点滴滴，难以言尽。女儿是不幸的，同时又是幸运的。她进入了一个以学生成长作为学校发展根本理念的好学校，在她成长进步的道路上布满了爱的脚印。因为得到了大家的爱，她也开始懂得了施爱。有一次班上同学摔倒了，她赶紧主动伸手去扶。听到老师讲的这一幕，我内心激动翻滚，感到日积月累，水滴石穿，女儿在逐渐融入这个伟大的爱的集体，就像孤独的星星融入了璀璨的夜空，就像一滴小水滴终归要流入大海。

我们都是星星的守望者，等待我们的星星在这晴朗的夜空中，眨动着晶莹的眼睛。

我眼中的林子

马艺荥

“有请林子(化名)!”“嗯，不错，请同学们把掌声送给林子!”“表扬林子，他回答得很好!”……课堂上，如果同学们听到邱老师说这样的话语，一定不觉得陌生和奇怪，我们不也经常这样得到了邱老师的小红花和同学们的掌声么？但是，对于我们班的林子而言，能够站起来回答问题，展现他自己，是让我们都惊讶的事情。

记得以前每当测试和评研，总是有一个不和谐的分数夹在我们大家的试卷里，10 分，20 分，还有更糟糕的分数，让我们不禁对林子同学非常排斥，是他拖了我们班的后腿，大家不愿意接近他，而他也不愿意与同学交流。渐渐地，他成了我们班的一个角落人物。不过，那是以前的林子，现在的林子呢？

在邱老师的教导下，林子现在考试可以拿 60 分了，我们都为他高兴。林子是个男孩子，从外表上真看不出他和我们有什么不同，但是，林子的不同，却被我们的班主任邱靖老师看在了眼里，急在了心里。上课时，邱老师注视的眼光常常会落在那个特殊的角落，只要看到林子的嘴有轻微的动作，邱老师都会鼓励林子站起来，对着同学们大声说出答案。可是，不用说，林子的答案，都不是答案，甚至是不成文的只有他自己才能懂的语言。我们有时候会禁不住笑他傻，甚至大声地反对他的“答案”，但是邱老师总是很开心地大声鼓励林子，仿佛邱老师能懂林子的“语言”，她总会带着鼓励说：“让我们把掌声送给林子，他说得真好!”渐渐地，林子回答问题的声音越来越大，甚至他都会积极地举手回答问题了，虽然，答案依然不是答案，但是，我们也由一开始的不情愿鼓掌，变成了为他的每一次进步而鼓掌。我们五(6)班是一个集体，我们大家在邱靖老师的带动下，都不再认为林子是一个特殊的角落人，而是一个一步一步往上爬的积极的小蜗牛。

这就是林子，他曾经是一个特殊的角落。可是，我们敬爱的班主任邱靖老师用爱、耐心和鼓励让阳光照进了这个角落，虽然这个角落似乎还开不出绚丽的花朵，但已经洋溢着春天的气息。

苏霍姆林斯基说过，对一个学生来说，五分是成功的标志，而对另一个学生来说，三分就是了不起的成就。人的成长有其内在规律，而且因人而异，因时而异，正视这个差异，教育才会瓜熟蒂落、水到渠成。如果无视这个差异揠苗助长，只会欲速则不达，物极必反。

十年树木，百年树人。教育，需要耐心“等待”。在“等待”中，教师才会更加冷静，更加理性，在“等待”中，学生才能自我纠正、自我提升。“等待”是一种健康的教育心态，“等待”是一门无声的教育艺术，“等待”更是一种境界，只有用心灵滋润学生的教师，才会怀着一颗宽容之心倾听生命的拔节，从含着露珠的嫩芽中嗅出果实的芬芳。特别是对于那些特殊的孩子，华阳教师有足够的耐心放慢脚步，静待花开，欣赏孩子成长途中独特的风景。

(三)耀眼的星辰

英国教育家洛克说：“每一个人的心灵都像他们的脸一样各不相同。正是他们无时无刻地表现自己的个性，才使得今天这个世界如此多彩。”以生为本的一个重要特点就是尊重个性，致力发展。在深入实践生本教育的华阳校园里，一个个成长中的生命，充分享受着尊重与信任。他们不同的权利和意愿，不尽相同的身心发展规律，独特的个性发展需求，在华阳大舞台上得到了满足，在校园生活的无穷乐趣中，他们成就自我，心花绽放，个性飞扬。

1. 东篱诗社：献给爱诗的孩子

“采菊东篱下，悠然见南山。”这是东晋著名诗人陶渊明《饮酒·其五》诗中的一句。在人与自然一体化的和谐关系中，人闲逸而自在，山静穆而高远。在那一刻，似乎有共同的旋律从人心和山峰中一起奏出，融为一支轻盈的乐曲。而诗人，就在这样的乐曲中充分而又优雅地享受着美好的生命和闲适的生活。这就是自然，自在自足无外求的饱满生命和充实存在，也就是自由，也就是生命的和谐。

“东篱”有什么？东篱是自家的庭院，盛开着金黄的菊花。“南山”有什么？南山有日暮的岚气，若有若无，浮绕于峰际；有成群的鸟儿，结伴而飞，归向山林。在东篱而望南山，是生命最自然而又自由的状态。“东篱诗社”即取此意境与意蕴。目前，东篱诗社是华阳小学校园里最浪漫的一道风景线，诗社的活动由社长主持，每周一次。社员们拿着自己的诗歌交流学习，辅导教师卢艳艳给予点评和指导，每周定期利用红领巾广播时间宣传儿童诗歌。同时，东篱诗社出版报刊，进行义卖，通过种种活动不断激发学生们诗歌创作的热情，尽享抒发心灵感悟的快乐。

刚参加东篱诗社那会儿，在周围一大群爱读诗、爱写诗、会写诗的同学们的感染下，我总是兴致勃勃地参加新印刷诗报的每一次义卖活动。不起眼的我在由衷佩服他们才华的同时，也滋生了一点点自愧不如的情绪。

还记得第一次在学校参加义卖时，我十分紧张，不知如何向同学们介绍，只是静静地待在一旁盯着义卖的报纸，十分拘谨。干脆看看报纸缓解一下心情吧，我自我安慰地想着，便拿起一份报纸细细阅读。忽然，我的眼睛定在了某一处——我写的儿童诗！我既诧异又惊喜，我费尽千辛万苦写出来的诗发表了！原来我也能写诗，我也很优秀呀！刹那间，喜悦和自豪包围了我，一股力量从心里油然而生，使我精神振奋地投入到义卖活动中去。往后新印的几期诗报，也连续刊载了我写的小诗，我的信心大大增强，每次参加义卖活动也更加得心应手、应对自如。

参加诗社的日子里，我懂得了平时大量阅读对写好诗是多么重要。几乎每个月，我都会和爸爸去广州图书馆借一大摞书，特别是名家写的散文集、诗集、小说集。在长期的墨香熏陶下，我有些不满足于只用眼睛欣赏了，有时灵感一来就动动笔，模仿诗人作品创作小诗。慢慢地，多读、勤写、动脑成为我的习惯，每看到喜欢的事物就要通过笔端来抒发自己的感情，诗作也一次比一次优秀。

参加东篱诗社快两年了，诗社给了我锤炼、提高的平台，我在这里收获了信心、勇气和朋友。

我与东篱诗社的故事仍在继续……

——余可阳

加入东篱诗社后，阅读和写诗已成了我的一种爱好和习惯。有时候看完一本书，我会写一首小诗来表达我的看法；有时候看到一处风景，我会写一首小诗来歌颂它的美；有时候经历一些事情，我会写一首诗来记录我的心情……

——段潇颖

喜欢上写诗，喜欢上阅读，喜欢上东篱诗社，这些都让我十分自豪。每当我遇到困难时，我总不会忘记读书和写诗。想起它们，心中总会涌起一种神奇的魔力，这种魔力或许就是所谓的成就感吧。

——方诗琳

2. 现代乐团：沉醉在音乐的世界里

现代乐团是华阳小学近年来支持度最高的一项社团活动，现已成为广东省唯一交响化的、国家声部最丰富的小学生电声乐团。现代乐团曾多次成功接待国内外教育考察团，与世界著名音乐大师进行过面对面交流并获盛赞，还分获市教育局、省教育厅学生合奏比赛的最高奖。因此，能进入乐团学习和表演成了许许多多华阳学子的梦想。

乐团的队员最初基本都是无合奏经验的初学者，他们都是一群愿意为器乐表演而努力付出的音乐发烧友。乐团在组建初期，会根据学生自身的特点来选择乐器和声部，并重新编配作品，使之更容易让学生们演奏。乐团在结合现代电声乐器，将传统民乐团、管弦乐团的精髓纳入其中的同时，又摆脱传统乐团的重重束缚，使学生们很容易就能进行音乐合奏，但却能呈现出惊人的、高品质的音乐效果。乐团的学生们要在每周一和周四的课余坚持训练一小时，风雨无阻。

我们班有个同学是学校现代乐团的键盘手，每次看到他在升旗台上光荣地领奖，我羡慕得不得了，多么希望自己也能成为学校乐团的一员啊！

没想到，我的愿望成真了。学校要重组现代乐团，还免费提供乐器和培训。听到这个消息，我兴奋极了。经过层层选拔，我和另外59名同学脱颖而出，顺利进入了乐团。当第一次拿到那泛着黑珍珠般光泽的单簧管时，我如获珍宝，一直捧着爱不释手，并暗暗下定决心要好好练习，为学校争光。

新鲜感很快被残酷的现实击得粉碎。学习单簧管比我想象得难多了。吹高音很难控制好，时不时出现一两声刺耳的暴音，妈妈不得不请我到阳台去练。吹低音很难把握音色，低沉的声音听起来像雷鸣，连我自己也忍不住皱起了眉头。最让我头疼的是单簧管的气孔较大，稍不注意，没把整个指腹对准气孔，严严实实地按紧，吹出来的音就变了。单是控制嘴型和音色已经让我手忙脚乱了，吹长音时还要保持足够的气息，再加上要注意手法，真的是“顾此失彼”！

有好几次，如果不是妈妈提醒和鼓励，我都不想碰单簧管了。但乐团是一个团队，也是一种荣耀，虽然时不时产生厌烦情绪，但我还是坚持了下去。“功夫不负有心人”，渐渐地，我发现停下来“堵孔练习”的次数越来越少，暴音也出现得越来越少，原先扁平单薄的音色变得越来越通透、圆润了，我甚至能流利地吹出《龙的传人》。

经过一个多月的学习，一天郑老师给我们每人发了一份乐谱，如果吹奏得好就能被选入现代乐团A队，参加“六一”演出和七月的比赛。我简直不敢相信自己的耳朵，没想到机会来得那么快，可我才刚刚学会吹一首简单的乐曲。“我一定要进入现代乐团！”我坚定地对自己说。于是，没日没夜的练习开始了。在学校，我比以前更认真地听课和练习；在家里，每天一做完作业，就立刻拿起单簧管练起来，再也不提看电视了。甚至在上学放学路上、课间休息、饭前饭后，都要哼上几句乐曲才肯罢休。眼看到选拔的时间了，却仍有几个小节总是吹不好，我急得像热锅上的蚂蚁。选不上怎么办？忐忑不安的心情让我表现得更不如意，落选了。感觉好像跌入了深渊，失望写满了眼眶。不行，我说过一定要进入现代乐团的！我不死心地围着郑老师转，恳求他再给我一次机会。可能是我渴望的眼神打动了他，我终于有了第二次机会。我开始更加卖力地练习。可那几个较难吹奏的小节好像故意要和我作对似的，无论我怎么努力，总是跟不上节拍。看到我那么紧张和担心，妈妈安慰我说，这首曲子的难度对于初学者来说太高了，即使进不了现代乐团，她也决不会责怪我，我也没必要为难自己。对，只要尽力而为就好。与预想的一样，还是没达到郑老师的要求。同样，我锲而不舍地央求老师再次给我机会。谢天谢地，总算得到了第三次机会。又经过一轮没日没夜艰苦的练习，终于勉强过关，可以和现代乐团的成员一起排练了。我对郑老师充满了无限的感激，感谢他的宽容，给予了我一次又一次的机会，让我那么快就实现了进入现代乐团的愿望，体验到参加大型演出的自豪感。

我是如此的幸运，能在华阳小学这个好学校里学习；我是如此的幸福，能进入现代乐团这个大家庭里生活；我是如此的庆幸，能遇上那么好的老师，让我展开了飞翔的翅膀。昨天的我，只是一只羽翼未丰的小小鸟，今天的我，自信地张开了翅膀，相信明天的我，会在大家庭里学会更多，飞得更高更远。

——曹方

在华阳小学，只要说起现代乐团，大家都会竖起大拇指，为乐团点赞。在学校的电子显示屏上，不时会滚动播放乐团的好消息："广东省第二届中小学生器乐比赛一等奖""广州市第七届学校艺术节器乐类决赛一等奖"。我总是喜欢趴在栏杆上，睁大眼睛看着屏幕，因为我就是现代乐团的一分子。

每逢周一和周四下课铃响起时，我都会拿着长笛，兴高采烈地来到乐器室。乐器室内许多同学正在调试乐器，我从容地坐在椅子上，将乐谱摆在谱架上，心中默记着指法。很快，乐团的成员都到齐了，郑老师笑呵呵地走了进来，让小提琴首席和钢琴进行全体调音。调好音后，郑老师抬起手来，大家立即心领神会，做出准备的姿势。郑老师环顾后，果断地将手挥了下去，一段气势磅礴的音乐声响起来了，马上长笛就要吹奏了，我深吸了一口气，举起长笛，嘴里喷出一口气直入管中，一股清脆的声音便从长笛中传出来。郑老师的手势一转，长笛声马上柔和了许多，和其他乐器合奏了一段乐曲后，我们五位长笛手停歇了一会儿，为下一段乐曲做准备。在大家的努力下，我们成功地演奏了一曲完整的《圣托里尼》。郑老师喜笑颜开，大家有说有笑，轻松愉悦的气氛弥漫在乐器排练室。过了一会儿，郑老师做了一个准备的手势，大家立即安静下来，投入到下一轮的排练中……在乐团里，大家一起学习音乐，学习知识，收获非常大。正如郑老师说："乐团是不同乐器的组合，一首曲子完成的过程是团队协作的过程。通过音乐合奏，能让孩子内心更快乐，学习更专注。"

转眼间，学校艺术节展演到了，大家早早来到学校为表演做最后准备。由于乐团堪称是中国电子设备最复杂的小学生乐团，演奏的乐器除了管乐和弦乐外，还有大型的电子乐器，如电钢琴、合成器、电子鼓等。所以，每逢比赛或演出时，搬运乐器和调试乐器都是必不可少的重要环节。我们都是乐团的小主人，每个人都熟悉乐器性能和拆装方法，大家齐心协力、团结互助，共同解决问题。虽然乐团的演奏只有短短的几分钟，但为了呈现最佳的表演效果，乐团忙碌的准备工作通常需要一两个小时。

一切准备就绪，大家各就各位，等待表演的正式开始。突然，天空乌云密布，下起雨来了。大家连忙站起来，抬起电钢琴、合成器、电子鼓等大型设备和乐器飞快地跑进器材室。大家都知道，电子设备是不能淋雨的，回想刚才撤退的情景，大家都捏了一把汗。

雨越下越大，一想到有可能不能演出了，我心痛极了，盼望着雨快点停，并不时地望着窗外，雨却没有丝毫要停下来的意思。这时，郑老师来了，他高兴地宣布，艺术节改在室内体育馆举行。我顿时眉开眼笑。5 分钟过去了，15 分钟过去了，还是没有一点儿动静，我焦急起来了。终于，郑老师通知大家准备表演了。我们以最快的速度把器材搬到楼梯口，可是过了一会儿，郑老师遗憾地说，因场地容不下乐团的大型设备，无法表演了。我听完沮丧地低下了头，像一个泄了气的皮球，我们又进入了漫长的等待过程中。

不过，皇天不负有心人，下午雨过天晴，乐团在学校后操场进行了表演，大家精神抖擞、意气风发地为同学们演奏了辛勤排练的心血之曲《怀乡》。演奏气势磅礴，极具震撼力，感染了在场的每一位观众。演出获得了圆满成功。

在现代乐团的日子里，我一路成长一路歌，我为乐团所散发的魅力而着迷，也从中找到了自信。我为您自豪，我的现代乐团！

——程源远

3. 英语导游社团：圆梦之旅

近年来，华阳小学跨越式的发展引起了社会各界的广泛关注，许许多多国内外专家与校长团接踵而至。因此，接待外宾也成为华阳学生们又一个展示锻炼的平台。英语导游社团的诞生就是为了让更多的学生能用流畅的英语口语、阳光自信的精神风貌接待国外来宾。我们的导游社团主要通过讲座培训、现场授课和实地演练这三种形式来提高小导游们的专业素养、口语能力和礼仪知识。由专业的英语教师张柳妍、温胜美担任辅导员，每月安排两次外教的礼仪培训。社团会根据小导游们的年龄、水平、个性和表现力的差异进行灵活搭配，组团组队式完成接待任务。在多次的国外教育考察团接待活动中，英语导游社的学生们从容、精彩的表现曾一度获得外国嘉宾们的高度称赞。

我的梦想之一是长大当一名知识渊博的导游，没想到，小学四年级的时候竟然圆了梦，而且还成为一名英语小导游！

加入英语导游社团，我有点忐忑，虽然我很喜欢英语，可是用英语来介绍我的学校、跟校长们交流，我做得到吗？英语老师摸摸我的头说："没事，要对自己有信心。而且还有时间，老师会培训你们的。""这个……"我挠了挠头说，"好吧，我尽力试试。"

于是，这一周周五下午放学后，我和同样被选入英语导游社团的同学们一起被英语老师带到会议室进行培训活动。老师随机挑选了几个小朋友用英文进行自我介绍，我没有被挑上，心里还庆幸不已："好险没有叫到我，如果我讲得磕磕巴巴那可丢脸了。"培训时，老师给每人发了一张纸，上面是介绍学校前操场的英语短文，然后开始教我们认识上面没学过的单词，带我们逐句地朗读。看到那么多不懂的单词，我心里犯难："读都这么难，要让我流利地背出来，那简直是不可能的事啊。"扭头看到小奕，他却正兴致勃勃地向老师请教。"我可不能被比下去！"我心里这么想着，认真地盯着老师，看清楚他的嘴形，听清楚他的发音，一字一句地跟着练习。

放学回到家里，我跟妈妈说了这个好消息，妈妈很高兴，说："那你可得好好练习，好好为学校和班级争光。"吃了晚饭，做完作业，我请妈妈帮助我练习，发现下午反复练习的短文却变得陌生了，好多新单词的发音都忘记了，别说背诵了，读起来都卡壳。妈妈不断给我提示，我越紧张越读不出来，一下子就恼羞成怒了："这么难，怎么可能背得下来，我不想当小导游了！"妈妈一言不发，放下了手里的纸张，走开了。

我默默地坐在桌子边，垂着头。不知道过了多久，妈妈悄悄走了过来，递给我一张纸，上面是她手抄的一首小诗：

To see a world in a grain of sand(一粒沙里看世界),
And a heaven in a wild flower(一朵花中觅天堂),
Hold infinity in the palm of your hand(无穷尽在掌心中),
And eternity in an hour(永恒不过一刻钟)。

突然间，我想通了，做事不能半途而废，这么一个小困难我就害怕、放弃的话，以后遇到更大的困难，我还怎么去克服。我向妈妈说了我的想法，妈妈的脸上绽开了笑容："好，那我们一起来多读几遍吧！"于是，妈妈帮我给生词标上音标，陪着我反复地读，一遍又一遍，还称赞我一次比一次进步了。最后，我自己坐在一旁，默读、默记，突然发现自己已经基本掌握了短文的内容了！果然，世上无难事，只怕有心人。

接下来，每天晚上我都反复练习。到了第二个周五的培训课，老师抽查小伙伴们练习的情况，还是没有抽查到我，我松了一口气，但是又好像有点失望。被抽查到的小伙伴练习效果很不错，特别是小奕已经能够背诵全文了，我也不甘示弱，决心一定要跟他们好好"较量较量"。

第三节课来了一个新老师，也要抽查自我介绍，这一次我被抽查到了。我心里暗暗高兴，自信地站起来说："My name is James，I am ten. My favourite colour is orange . My mum is a reporter ，she is young and beautiful. "呀，不好，怎么说到了我妈妈！不过听到大家给我的掌声，我心里别提有多得意了。

日子就这么一天天过去了，转眼我们已经上了两个月的培训课了。除了学会如何用正确的英语介绍我们学校的各个角落之外，我们还学到了如何自信地用英语互相简单交流。最后一节课，老师说："今天就要结束小导游的培训了。"我觉得怅然若失，虽然每周都要额外空出时间来上课、练习，但好像这个课程已经成为我学习生活的一部分了，既有趣又有益，可如今就结束了。

不过，下学期，外国的小学校长们将如期来华阳小学参观，我们经过两个月培训学到的"本领"终于能用上了，我迫不及待等待那一天的到来。而在这段时间内，我通过学习了解自己的学校，也更爱自己的学校了。

我想，无论自己长大后能不能当上一名导游，我都不会忘记小时候曾经光荣地接待了外宾，为他们自豪地介绍自己的校园。而为了成为一个小导游而努力的那种精神，将伴随我的一生前进。

——王知行

2014 年 9 月，我转入华阳小学，成了华阳小学五年级的一名学生。我对华阳的第一印象是美，大，好，也陌生。来到华阳不久，我首先被学校的英语导游社团深深吸引了，能接待外国嘉宾，还能一展自己流利的英语，多好呀！我抱着试一试的心态报了名。凭着平时的学习和积累，我一一解答了老师提出的问题，并顺利通过了面试。

很快，我们就接到了第一项任务——接待加拿大客人。马上就要走场了，但是我对接待外国客人的天河东校区环境并不熟悉，只能对着稿子死记硬背。但毕竟死记硬背是不管用的，加上有些单词不会，要查资料，问爸爸妈妈，我差点因为背稿不熟而被淘汰掉。英语温老师为了帮助我，周末特地抽出时间，和我边走边向我介绍华阳小学。我们穿梭在华阳校园中，我更进一步地了解了华阳小学，深深地被这充满活力，乘风远航的“华阳号”吸引着。每个接待点在我的脑海里连成了一条线。回到家，我拿出稿子，学校的各个景象浮现在我的脑海中。这一次背起来果然简单多了。

我是负责引路和陪嘉宾聊天的小导游。加拿大的嘉宾很快来了，引路的小导游们个个精神抖擞，整齐排开，站在校门两旁。客人一下车，我们就都迫不及待地，各自拉起嘉宾的手，开始带领着嘉宾参观我们的校园。我们带领着嘉宾一路交谈着，从太阳娃广场，介绍到七彩长廊，一起参观学校博物馆，一同看乐队演出。参观太阳娃广场的时候，客人们纷纷竖起大拇指，为我们美丽的校园点赞；在听七彩长廊的简介时，客人们连连点头；乐队表演的时候，客人们连连拍手，不停地表示对华阳学生的赞赏，我们可开心了！

送走了加拿大的客人，不久，我们又接到了第二项任务——接待美国嘉宾。我们一边带领客人参观学校，一边陪嘉宾聊天，我们谈生活，说世界，有说不尽的乐趣。最后，我还收获了一支美国笔做纪念呢！做一个小导游真有意思！

——梁晴曦

4. 我与篮球队

众所周知，篮球运动是小学高年段学生最喜欢和最易普及的运动之一，组织便捷简单，趣味性强，不仅可以增强学生的体质，而且还可以促进学生的心理健康，陶冶学生的情操和发展个性，帮助学生社会化。华阳小学篮球队成员主要从林和东校区 10～12 周岁年龄段的学生中选拔而出，组建而成，有男子和女子两支训练队。篮球队的活动由各队的队长负责组织、管理为主，专业教师指导为辅，每周星期一、星期二和星期四下午的课余时间集中训练。篮球队打着“快乐篮球，伴我成长”的球队口号，积极利用校园资源开发家庭教育、社会教育的资源，开展了班级篮球赛、篮球文化节、“小学生走进篮球文化”综合实践课堂等校园社团活动，并运用校园体育节、区域篮球联赛等活动促进球队的训练。通过长期坚持不懈的训练，在辅导教师黄理想的带领下，男子篮球队于2007年成立以来一直稳居天河区前四的位置，女子篮球队成立于2014年，首次参赛就获得第六名。

我热爱篮球，吃完午饭以后，常偷偷和我最好的朋友一起到后操场去练习篮球，一直练到打午休铃之后才慢慢回班午休。进入篮球队以后，我终于可以大大方方地、淋漓尽致地参加篮球训练了。每当有训练的下午，我一下课就会马上跑到后操场。每次训练虽然非常累，但是我喜欢篮球，累并快乐着，累并幸福着。

打篮球最重要的不是个人技术，而是整个团队的配合能力，而且打篮球的时候不能分心，不然球就会被对手抢走。这是我悟出来的一个道理。

有一天，队长发了篮球队的队服，我们都很激动。比赛的日子在我们不知不觉中悄悄地临近了，我们突然感觉时间真的过得好快，基本功都还没练熟，就要参加比赛了。因为比赛，我们练习的次数变得多了起来。每当我们吃完午饭后就到后操场去找男生队的队员们进行比赛，就连在下午训练的时候也要和他们进行比赛。终于，比赛的日子，在我们的辛勤练习和洒落的无数汗水中悄然来临了。在比赛中，我们都为了拿到好的名次而拼尽全力，虽然最后只拿了第六名的成绩，但是我们依然很满足，因为我们都知道，自己已经尽力了，就足够了。

——林晓婷

华阳小学的篮球训练非常有趣，黄教练每天都能想出不同的训练项目。

还记得，在参加天河区的篮球比赛之前，黄教练和我们都进入了极度认真的备战状态。首先是爆发力训练，让我们比赛折返跑，男生和女生轮流站成一排，教练吹口哨时，我们就开跑。一开始，大家都跑得很快，我成功地争到了第一，没过多久，大家的体力开始下降，我感觉自己的脚变得沉如钢石，就算不停前后摆动双手，但脚却发不出力。当时我想，作为队长，我不应该在此放弃，如果放弃，就等同于放弃带领队伍前进；如果放弃，就等同于浪费黄教练对我们的良苦用心。华阳小学的女子篮球队不会在这里低头！我必须努力向前，带领队伍，走上成功之路！于是，亢奋的精神战胜了极度疲惫的身体，我们全队队员冲向了底线，成功完成了那个累人的折返跑。我们欣慰地笑着，为自己完成了一个艰巨的任务而骄傲！

经过几周的强化训练，黄教练让我们这支完全没有篮球运动基础的队伍，在天河区小学篮球联赛中取得了第六名，感谢您引导我们进入篮球运动之门，感谢华阳小学给我们博学旁通的机会。

华阳小学是个充满笑声的校园，这六年我们每天都是在快乐中度过的，能参加华阳小学篮球队是我的荣幸！

——吴家仪

世界上飞翔着无数的蝴蝶，没有一对翅膀绝对一样；天上漂浮着无数的云朵，没有一朵重复一致。对差异的承认，对个性的认可，是华阳小学给予学生的美好礼物。在华阳，每一个学生都独一无二，每一个学生都自信阳光，他们张扬自己的个性，绽放多彩的心花，在华阳的舞台上，积极向上地进取，生机勃勃地成长，渐渐走向世界的舞台。

二、胸怀理想，创造辉煌

“理想是石，敲出星星之火；理想是火，点燃熄灭的灯；理想是灯，照亮夜行的路；理想是路，引你走向黎明。”“理想是罗盘，给船舶导引方向；理想是船舶，载着你出海远行。”这是诗人对理想的歌咏和颂扬。

理想是人们对未来的美好想象，是人生的奋斗目标，也是成长的动力机制。“以生为本，逐日远行”的华阳文化鼓励华阳学子不懈地探索和追求，无限地拓展生命的空间，勇敢地创造属于自己的生命奇迹。既有“生本”的滋养，也有“逐日”的磨砺，在这片成长的沃土里，在这个广阔的舞台上，看——不少青葱的小荷，已然露出了尖尖的棱角；众多轻盈的小舟，已然汇入百舸的争流。

(一)看小荷已露尖尖角

“小荷才露尖尖角，早有蜻蜓立上头。”在华阳的校园里，活跃着很多“风云人物”，十足的华阳骄子，真正的少年精英。

白家林：国际交流小使者

白家林，五年级学生，高高的个头，阳光的外表，脸上总是挂着灿烂的微笑，走在学生队伍中，总是出类拔萃，很容易被认出。他的知名度可高啦，在校园内拥有不少的粉丝。有一年学校大队委干部竞选，大多数同学把自己神圣的一票投给了他。结果他的宣传海报上贴满了密密麻麻的代表选票的小星星，这成为校园内的一个独特风景，老师们都惊讶不已。

2014 年 8 月，他被选为“广州市国际友好交流小使者”，带着市长的嘱托和亲笔信前往美国。在广州的友好城市也是美国的第二大城市洛杉矶，他见到了华侨同胞，参观了市政厅和当地学校，针对中小学生的学习教育话题和美国友人进行了交流。在美国的半个月时间里，他到过十几个地方，从洛杉矶到拉斯维加斯，终点站是旧金山。一方面，他领略了美国大峡谷的自然风光与宏伟壮观，感受到了美国的先进文化与科技；另一方面，他也向美国朋友传递了广州人民的友好和开放精神，圆满地完成了采访、拍摄和交流任务。

2015 年 5 月，第十届“羊城小市长”评选活动拉开帷幕，全市中小学生踊跃参赛，竞争的激烈程度可想而知。白家林发挥特长，脱颖而出，不负众望，赢得“羊城小市长”系列评选活动一等奖，并被教育局和妇联授予“平安之星”的光荣称号。

品学兼优而且多才多艺的白家林同学，相信你能不断超越自我，实现高远的梦想。

洪子润：武术小明星

2013年9月1日，一个阳光明媚、充满朝气的日子，孩子们背着书包踏入华阳小学的大门。三年了，儿子在华阳不仅得到了学识的浇灌，还收获了自信和友谊，更令人感动和喜悦的是他在这个平台上“武”出了自己的精彩。

热爱运动的子润是学校武术队的成员，每周三下午训练两小时，每次训练下来都是汗流浃背，但是他不喊苦不喊累，似乎对武术的学习充满了无限的能量。2015年6月，武术队的孩子们代表学校参加“2015年首届梦想杯广府武术文化节”的集体项目比赛，比赛项目是九节鞭，孩子们在比赛前的三个月加大强度训练，为了达到最好的状态，除了在学校集体排练，孩子各自回家后还在利用空余的时间练习。子润的手磨出了很多水泡，我问他疼吗？他说不疼的，坚持一下就没事了。孩子真的比我们想象的还要勇敢，为梦想而坚持的毅力让我深深地感动。6月13日，孩子们摩拳擦掌上场了，灵活变幻的造型，阳刚遒劲的力道，还有那啪啪作响的九节鞭，无一不凝聚着孩子们付出的辛劳。比赛结束之后，当评委亮出得分的那一瞬间，子润哭了，我没有说话，只是拍拍他的肩膀，我知道他是因为意识到分数不算太高的原因可能和自己的一点小误差有关，集体荣誉感特别强的他怕自己拖了大家的后腿而深感内疚，我多问一句只会让他更加难过。后来，孩子们的集体比赛项目《九节鞭》荣获二等奖的好成绩，而子润参加的个人单项比赛最后得分8.6分，荣获一等奖。

作为妈妈，我在内心里为孩子的付出和成绩喝彩，也为华阳的教育点赞。

闪光的名字还有很多很多：常石磊——北京奥运会开幕式主题歌《我和你》编曲、原唱，在华阳种下了七彩音乐梦；叶泉志——第一个用其名字命名小行星的中国人，在华阳开启了七彩科学梦；陈楠——在充满关爱的华阳小学，重度残疾的她以顽强的意志开始编织七彩的文学梦，25岁出版了散文集《路在脚下，梦在远方》……

屈指数来，华阳学子参加各类比赛获国际奖项26人次，国家级奖项1869人次，省级奖项339人次，市级奖项1374人次，区级奖项1814人次。是的，在华阳生本教育的累累硕果中，最让华阳人骄傲和自豪的莫过于华阳学子阳光自信、个性鲜明的华阳风采，莫过于学生们能够在校园里快乐地度过他们生命中的每一天和这六年。还有，那些迟开的花儿，也能迎来美好的春天。每个不同个性的孩子，都能越上他们发展的平台，能够发出耀眼的光彩……

(二)送轻舟越过万重山

悠悠珠江，蜿蜒流淌；万千舟子，击水中流。24年种桃树李，24年春耕秋耘，一代又一代华阳人的辛劳赢得了一树繁花，累累硕果。

自建校以来，一批又一批的毕业生从这里走出，走向一个崭新的世界，走向波澜壮阔的新天地。而今，他们遍布在五湖四海、各行各业，在各条战线上积极创业，无私奉献。他们，无愧于学校的辛勤培育；他们，永远是学校的光荣与骄傲！

莘莘学子风华正茂，同学少年青春飞扬。昨日，他们以母校为荣；今天，母校以他们为荣。

中山大学大四学生钟苓将华阳小学称为她“青春开始的地方”，她深情地撰文回忆母校说：

没有比现在更适合的时间去回顾在华阳经历的六年时光了。经历了小学、初中、高中到大学，我现在是一名中山大学准大四的学生，即将结束整整16年的校园生活，感谢梁倩怡老师的邀请，让我有机会在这个特别而珍贵的时刻回忆校园青春的起点——华阳小学。

爱因斯坦曾说：“教育就是当一个人把在学校所学全部忘光之后剩下的东西。”华阳小学教给我的最重要的，不是26个英文字母，而是那些符号背后有趣的西方语言文化；也不是加减乘除的运算，而是算法背后思考的逻辑和方式；更不是反复背诵的古诗词和名人名言，而是这些千古流传的文字后蕴藏的文化古韵。华阳的六年学习，种下了我学习兴趣的种子，赋予了我渴求知识的眼睛。就像是一座高楼深埋于地下的根基，支撑着我后来所有所学。

感谢华阳，你用一位位优秀、敬业的教师带给了我知识和寻找知识的欲望。

感谢华阳，你用开放、多样的课外活动丰富了我学习生活之外多彩的童年。

感谢华阳，你用以生为本的教育理念让我在尊重与被关怀的环境下塑造了优良的个性。

我会带着华阳的烙印，走得更高更远，实现当初的诺言：今天我以华阳为荣，明天华阳以我为荣！

阳光、自信的邹芷婷是星海音乐学院民族唱法专业在读学生。邹芷婷专业能力突出，曾多次登台比赛，参加“童声童气”少儿歌唱大赛获得金奖。在公益演出的舞台上，经常可以看到邹芷婷的身影，如广州市创文明城市文艺展演，迎接十八大文艺会演，慰问老人献爱心演出，亚运会志愿者演出等。

作为华阳小学优秀校友，华阳，留下了她成长的足迹……

邹芷婷的成长记录

邹芷婷家长　张欣欣

邹芷婷在比赛现场

1997年初春，芷婷出生了，性格活泼开朗，聪明好学的她就像小天使一样，她是上天送给我们最好的礼物！

小芷婷天资聪颖，从小参加各种兴趣班，如游泳、书法、小提琴、画画、舞蹈、语言艺术等，她都能乐在其中，并且小有所成。

在二年级的时候，芷婷被选入学校合唱队，她天生的高亢清亮的嗓音被音乐老师发现，在老师的培养下，芷婷进步神速，初步展现了她的音乐天赋。2006年2月，在第二届“德艺双馨”中国文艺展示活动女声表演组评选中荣获广东赛区特别奖；2007年12月，在广州市第二届中小学校艺术团展演中荣获表演一等奖；2007年12月，在第四届“德艺双馨”中国文艺展示大型公益活动声乐(民族)少儿B组的评选中荣获广东省金奖；2008年6月，在第三届中国青少年艺术节广东省总评选中，荣获声乐组金奖；2008年12月，在第五届“德艺双馨”中国文艺展示大型公益活动声乐(民族)少儿B组的评选中获广东省银奖；2009年6月第五届“全国青少年优秀艺术特长生才艺电视展演广东盛典”(分赛区)活动中获声乐少儿B组金奖。在文化课与学习音乐时间有冲突的时候，班主任邱老师对芷婷实行了分层作业，这样芷婷就可以做到两样都不会耽误了。

进入初中后，芷婷对音乐的喜爱已经上升为理想追求，她立志要当一名民族歌唱家。为了学好音乐，芷婷大部分的课外时间用在学习钢琴、乐理、声乐、舞蹈，同时积极参加各种演出比赛，活跃在校内校外的舞台上。有一次，执信中学中考面试与天河区少儿声乐大赛被安排在同一天的下午，芷婷为了不缺席比赛，面试结束之后火速赶往比赛现场，但途中倾盆大雨造成了堵车，着急的芷婷不断与赛场老师沟通，请求调整出场顺序。之后，芷婷做出了惊人的举动，她穿上演出的长裙，下车一路飞奔向赛场，事后她说：“我是代表学校参赛的，就算比赛已经结束，我也是一定要赶到的。”现在回想起芷婷抱着大礼服裙跑在闹市大街的那一幕，真佩服她的执着！皇天不负苦心人，虽然芷婷赶到赛场时全部选手已经演完半小时，但是评委接受了芷婷的解释，准予她参加比赛。结果，芷婷以全场最高分的成绩夺得了第一名！就这样，芷婷的努力付出，一步一步换来了外界的认可，抱回了一个又一个奖杯。

初中毕业时，面对星海音乐学院附中和广州市执信中学的两份录取通知书，芷婷毅然选择了执信中学。她说，她要先学好文化课打好基础，将来音乐的路子才会走得更稳更远。

进入高中后，芷婷一方面努力学习文化课，另一方面继续她的音乐梦想。她加入学校合唱队，加入执信音乐社，并积极参加学校的音乐活动。2012 年 8 月 13 日，芷婷策划组织举办了“青春，音乐一夏”执信音乐社成果展——原创 CD《给执信的情歌》大型文艺活动。2013 年，芷婷组织编导的《同桌的你》在学校艺术节获得一等奖，2013 年 5 月获第十七届 Gold Vice 校园歌唱大赛十大歌手及最佳人气奖。在校外，芷婷参加了各种各样的音乐比赛，曾经拿到白云山歌王挑战赛冠军。2015 年 4 月，正当同学忙于应付高考时，她毅然报名参加第三届亚洲声乐节中国民族歌唱家比赛，那时她才刚满 18 岁，刚刚符合参赛 18～44 岁年龄限制，参赛选手主要来自专业表演团体，院校音乐教师，音乐院校大学生和研究生，芷婷无疑是年龄最小的选手！在这场竞技中，芷婷遇强则强，挺进了决赛，并获得中国民族歌唱家优秀奖！

2015 年，芷婷作为音乐艺术类高考考生，同时获得了中国音乐学院、星海音乐学院、广东外语外贸大学三所学校的专业校考合格证，并最终以第一名的成绩被星海音乐学院音乐表演民族声乐系录取。手捧着录取通知书，我的思绪又回到华阳小学——芷婷梦想起航的地方。正是华阳小学生本教育的理念，使孩子的个性得以张扬，感谢华阳小学发掘了芷婷的天赋，培养了芷婷自主学习的能力和对卓越的追求，使学习并不只是单纯的受教育过程，而是孩子主动追求知识和学习提升的过程！希望芷婷在新的台阶继续奋进，用积极的态度面对挑战，迎来更精彩的人生！

这是一个个逐日远行的故事，这是一篇篇逐日远行的华章。华阳，既是一片智慧的沃土，又是一片高远的天空。在这片沃土上，留下了学子们成长的足迹，洒下了求知者耕耘的汗水，记载着跋涉者奋进的历程；在这片天空下，弥漫着花季少年的期盼，闪耀着青春华年的光芒。“鹰击长空，鱼翔浅底，万类霜天竞自由。”一颗颗不甘平庸的心在这里奔腾、激荡，一个个年轻的梦想在这里扬帆、启航……

第五章

华焕：流光溢彩，灼灼其在

在生本教育理念指导下，基于生本教育生态的构建和生本教育实践的推进，年轻的华阳小学茁壮成长，迅速崛起，学校获评多个“首批”和“唯一”，成为全国课改先锋、全国知名生本教育重镇、校长和名师的摇篮，办学业绩和教科研影响力辐射海内外。

在华阳小学校园内，回响着笑声朗朗，书声琅琅；校园外，挡不住流溢的光彩，灼灼的光华。

华阳小学在生本教育改革与探索的征途上，持续深化内涵，日益卓尔不凡。华阳小学在分享教育心得、引领教育发展的道路上，不断拓宽外延，亮出大家风范。

华阳学子在穗港姊妹学校交流活动中表演
经典诵读节目《千秋家国梦》

一、孕育内涵，卓尔不凡

什么是好学校？教育行政部门有一系列政策规范，专家教授们有一套面面俱到的评价理论，教育实践第一线的校长们往往也有着自己的感想和经验，老百姓心目中的好学校更是众说纷纭，但无论是华阳师生，还是社会各界，对于华阳之好都是众口一词。

(一)幸福的家园

一个充满活力的团体总能够在所有成员之间创造出认同感及内聚力，华阳就是如此。因为爱教育、爱学校、爱学生的心，华阳选择生本、笃志生本、力行生本，建设了生本教育的系统工程。同时，因为生本的教育理念、价值追求和文化导向，华阳的教师心往一处想，力往一处使，建设了一个相亲相爱的华阳大家庭。

如果说在教书育人的事情上，华阳奉行的是“充分相信学生，高度尊重学生，全面发展学生”的生本理念，那么，在学校管理方面，学校遵循的则是“充分相信教师，高度尊重教师，全面发展教师”的师本理念。也正是因为这样的理念，华阳的每一位教师，都能爱校如家，以校为家，完全奉献自己的时间与精力，充分发挥自己的智慧和才华，成为生本路上执着的同行者。华阳小学成为师生温暖幸福的家园。

华阳的那些事儿

吴丽红

下课铃响了，走出课室，走在回办公室的校园小道上，我放慢脚步，闭上眼睛，深深地呼吸……我喜欢小道两边，淡淡的、轻轻的叶香味儿。微风中，闻着这个叶香味，我就会情不自禁地笑一笑，上完课的倦意全无。

来华阳足足三年了，想起初到华阳，忙乱中的自己每次回到办公室，总是有亲爱的老师准备的早餐和香香的老火汤，当然还有她那灿烂的笑容，就好像回到家里一样……记得有一次我家孩子锁骨断了，在医院的急症室接骨失败，儿子的惨叫声让我六神无主。亲爱的蔡老师找到我的电话，告诉我如何去哪个医院，如何去找哪个医生。想到这里，我的视线忍不住模糊起来。

想起上个月的艺术节，前一个晚上，我们的舞台、音响、背景都搭好了，老天爷却故意考验我们，狂风暴雨，说来就来。是她，可敬可爱的梁老师冒着大雨，不畏闪电，趟着雨水，弱小的身子撑着小伞，走回学校，跟保安一起遮盖音响，一起收抢舞台背景。

想到这，真的很感动，身上充满正能量。抬起头，望着在阳光下，像蝴蝶一样舞动的树叶，我感慨万分：华阳有这么多好老师，怎能不辉煌呢？

逐，华阳生本之光

蔡琪琳

来到华阳，先是记住了这样的三行字：充分相信学生，高度尊重学生，全面发展学生。

每每驻足于这些字前，我都以此检视自己，敦促自己每一天的教育教学工作，视之为信仰，憧憬华阳生本美好的未来。作为华阳人，我为之骄傲。

谢谢华阳，在这样的一种生本文化的引领和感召下，作为华阳教师团队的一分子，我感受到的是满满的幸福……

遇见华阳

聂文暐

初到华阳，何建芬老师给新老师培训时的一句“进了华阳门，就是华阳人”打动了我们在场每一位的心。也正是何老师的这句话，让我感受到了华阳包容的胸怀。

因为工作调动的手续烦琐，我需要往返广州与老家之间。当我极其内疚，又忐忑不安地向周校长提出请假时，周校长用她特有的温柔声音安慰我："我能理解，安心去办事吧！"此时领导的一句理解，足以温暖心底。

那段请假的日子，虽然人在老家，心里却惦记着工作。当我焦虑地拨通科组长李秀娟老师的电话跟她聊起自己的不安时，李老师的话如一泓清泉直抵我干涸的心田："别着急，先把自己的事办好。等你回来我们再慢慢教你，我们科组很团结的！"

第一次参加"华阳杯"时，科组老师们总是在第一时间给我鼓励和意见，教务王老师跑上跑下帮我调课，在我过意不去跟她说谢谢时，她都说，没事的，这些事不用你管，你就安心上好课就行！而李老师、林老师、叶老师、朱老师他们不仅网上随时提供在线帮助，更是一次次不辞辛苦地奔波于两个校区，就为了过来听我试教，帮我找问题、提意见。当然，还有我师傅郑海洋老师，其实他一直都很忙，很辛苦。一个现代乐团和一个管乐团把他忙得焦头烂额，可师傅百忙之中还是不忘要看看我的教学设计，跟我聊聊想法，帮我组接音箱……其实还有好多的故事我没能一一说出来，但这些我都记在心里。感谢这个优秀、团结的科组给予我的帮助和温暖，这是我努力前行的强大力量，是我人生转角遇见的温暖和希望。

感恩命运的厚爱，让我能走进华阳；感恩华阳，让我能一路与你同行！相信华阳这座逐日远行的巨轮一定会越行越远，祝愿华阳的明天更美好，更灿烂！

(二)成长的乐园

当郭思乐教授带领他的教育改革队伍把生本教育的种子培植在广东省教育界这块肥沃的土地上的时候，这颗种子的力量就注定是非凡的，由此催生的生命力也是磅礴的。华阳小学，作为广州本土的一所名校，是生本教育实验园中一朵蓬勃盛开的向阳花。历经十多年的生本发展，华阳小学的校园越变越美，生本大旗也越举越高。郭思乐教授把这样高度的评价给了华阳小学：华阳小学的生本实验是全省乃至全国的一面旗帜。

俗话说："外行看热闹，内行看门道。"国家教育部基础教育司、中央文明办、国家可持续发展实验区调研评估组、国培计划校长培训班等都曾来华阳小学进行考察调研，国内外知名的教育专家们纷纷为华阳点赞。

国家教育部基础教育一司王定华司长说："华阳小学尊重学生内在需求及成长规律，通过'美德银行'这一教育载体，鼓励学生做精神的富翁，不要只追求物质的享受。"他鼓励学校坚持走特色之路，认为华阳小学校园不大但内涵丰富，每个角落都有故事，时时处处润泽生命，充满了人文气息。

国家可持续发展实验区调研评估组成员、国务院参事、原国家科技部副部长刘燕华充分肯定了华阳小学以"心自由，行至远"为校训，为了落实"拥有完整心灵的世界公民"的培养目标，创设适合学生发展的课程，为学校的可持续发展提供了强有力的支撑。刘燕华鼓励学校：执着就会出特色，最终实现教育的全面、均衡、优质发展。

2009年以来，华阳小学围绕"做一个有道德的人"的主题，通过紧扣传统节日展开系列德育活动、学校社团活动，建立学生自主管理实践基地，成立华阳小学"小太阳美德成长银行"以及拓展德育网络平台等方式，组织开展"做一个有道德的人"主题活动，深受家长和社会的好评。中央文明办领导对我校德育建设取得的成绩给予了一致好评，称赞华阳小学校园文化浓郁，未成年人思想道德建设落实到位，主题活动开展有特色，有成效。

对于华阳小学的生本课堂和素质教育，原广东省省长朱森林这样评价："这种课堂教学实现了真正的素质教育。"北京师范大学教育学部教授、中国陶行知研究会会长朱小曼在生本教学研讨会上评价华阳小学的生本课堂："这是一场课堂教学与文化的盛宴。"原中央教育科学研究所所长卓晴君，北京教育科学研究院原副院长文喆等领导专家也专程前来，深入课堂听课与现场考察，认为华阳小学的生本实践为课堂教学的教育科研提供了丰富鲜活的素材，同时又具有开创意义。中国教育发展战略学会、原全国教育科学规划领导小组副组长郝克明，原中国教育科学研究院国际交流处王燕处长以及广东省教育厅科研处的有关领导与专家认为学校的实验是实施素质教育的成功探索，华阳小学可作为全国小学语文教学示范点。

是的，华阳的生本实践，真正为学生营建了一个成长的乐园，对此，受益最大的是学生，最有发言权的也是学生。

我爱华阳

赵泰皓

从六岁开始，我走进了人生中的第一本书，书中的每一页就是我在华阳小学度过的每一天。现在我已经在华阳小学上了三年学了，很开心，也有很多难忘的事。

说起华阳小学最著名的，那可少不了“鼓励阅读”这四个大字。因为读一页书可能平静你的心，读一本书可能让你眼界大开，读一堆书就可能改变你的人生。但是，不能纸上谈兵，光说不练。所以，老师教我们写作文，积累好词、好句、好段落，目的就是为了让我们作文水平一级一级往上蹦。现在我们班同学都很喜欢读书，一个学期一共读了1870万字的课外书。

这学期，我写了一篇关于“送别”的作文，老师说我写得很好，安排我去各个班做讲演，并告诉我，是为了培养我的自信心，还能锻炼口才。第一个班我讲得断断续续的，但到了后几个班，讲一次就像散了个步似的，很轻松。

……

光阴似箭，日月如梭，对即将过去的三年级，有多少感慨诉说不尽啊！到了秋天，我就要升四年级了，一想到还能在华阳小学读三年书，我就觉得是最幸福的事了！

(三)社会满意的学校

俗话说得好：“金杯银杯，不如口碑。”华阳小学生本理念在学生身上所创造的奇迹，家长们看在眼里，乐在心中，传在民间，落在笔头。

一页一页真情告白的信笺读来真是感人肺腑：

我从来不敢相信这个世界上有这么好的一所小学，有这么宽容的江校长，有这么有爱心的徐老师……

我最感动的是，有一天，小硕去了校长办公室，放学回家他眨着亮晶晶的眼睛告诉我："妈妈，我们的校长是世界上最好最好的人，她很喜欢我，她说我画画很好。妈妈，我决定了，我以后要当个画家。校长的办公室很神奇的，有曲奇饼吃，还有生菜米饭吃。"他讲了好多好多……从那天开始，小硕越来越喜欢学校了，也越来越爱画画。他上课开始安静画画，有时下课也安静画画，他画的画常常被老师摆在教室最显眼的位置。他还是偶尔课堂失踪，他太爱树丛中的蜗牛了，他太爱花花草草了，放学时一身脏兮兮，要么是泥水，要么是沙子。徐老师见到我，总是当着小硕的面很委婉地描述他的调皮举动，然后大大地表扬他的进步。孩子会很不好意思地偷笑，然后主动向我保证下次不会这样。

如果没有华阳小学，如果没有生本教学，我无法想象孩子会是什么样的，我也无法想象当时焦虑恐慌的我会如何度过。没有如果，一切就是这么神奇，孩子就这样度过了一年级，他爱上了老师，爱上了校长，爱上了学校，他还爱上了好多好多同学。他每天放学眼睛都是亮晶晶的，总有说不完的话。在他的讲述中，华阳是一个很神奇的有魔力的学校。

——黄硕家长

感谢生本教育，让儿子自主学习，找到了最适合自己的学习方法。数学课的"课前课题小研究"，语文课的"课后小练笔"，英语课的"课前一分钟演讲"，无不彰显了华阳小学以生为本的教育理念。

四年级时，儿子有一天放学回家兴奋得跟我说："妈妈，今天数学课学的内容是我选的小研究课题，由我为大家讲解，我在讲台上还没有全部讲完，我们江老师就起立为我鼓掌了，接着同学们都给了我热烈的掌声……"我想这就是儿子为什么那么喜欢数学，在没有上任何奥数课外班的情况下也能考上广州市奥林匹克数学学校并以优异成绩毕业的原因了吧。

语文的“课后小练笔”，让儿子的写作能力飞速提高，其作文多次登上《岭南少年报》，作文《与雪共舞》获得中国青少年作家杯作品大赛银奖，和《中国梦我的梦》一起入选了中国青少年作家优秀作品选《藏在心底的记忆》。

英语课的“课前一分钟演讲”，让孩子们敢于上台表现自己。儿子一次一次流利的演讲，让老师和同学们对他刮目相看。唱英文歌曲、玩英语游戏、演情景剧等生动得让老师忘了下课的时间，让孩子们忘了还有课间十分钟。

每周一早上的班会课，可谓形式多样，内容精彩纷呈。孩子们有的做小主持，有的负责做PPT，有的写串词，有的准备游戏……记得五年级时，有一周的主题班会是“我和书籍交朋友”。从班会流程，制作PPT，写串词到设计游戏，全程都是儿子一个人完成。看着他在电脑前专注地制作PPT、写串词，我惊讶于孩子的成长，惊讶于生本教育的力量。

感谢生本教育，让儿子轻松地完成学业的同时，在艺术的天空也能展翅飞翔！七个可爱的太阳娃——活力娃、阳光娃、美德娃、好学娃、悦读娃、探索娃、追梦娃，在儿子身上都得到了很好的体现。儿子是中央电视台音乐优等生、广东十大流行童声、华阳现代乐团键盘首席，《向着太阳奔跑》的校歌就是儿子自己创作并演唱的，这在全国小学中也是首例。

感谢华阳小学为培养拥有健全心灵的世界公民所做的一切努力，庆幸孩子能在这个充满朝气、灵气、大气的校园读完这至关重要的启蒙六年。

生本教育，让梦想插上翅膀！

——梅占峰家长

更有家长直抒胸臆，写下他们心中的华阳好学校。

我眼中的华阳好学校

不瞒大家，我就是因为被华阳小学的生本教育深深吸引而“孟母三迁”，让孩子来华阳上学的。

华阳小学最吸引我的当属两点，一是强调大量阅读，二是老师引导，学生自主管理发挥每一个人的主观能动性。身为一家上市公司的中层管理者，这两点一直是我平时的工作信条。

班主任刘莉莉老师，看上去很年轻，人也活泼，非常受孩子们的喜爱。在一次家长会上，我们才知道刘老师毕业后已经考上了华南师范大学"幼儿教育心理学"的硕士学位，但她最后放弃了，因为"她想在最好的年纪做最想做的事"，那就是教书育人，看着孩子们成长。她最大的愿望是成为"每一个孩子"生命中的贵人。她眼里没有好孩子和坏孩子，每一个孩子都有他的优点和特点，她耐心地和几个特别的孩子家长保持沟通，经常鼓励家长，教家长一些好方法，发掘一批优秀家长并让他们在家长会时给大家分享。

我的女儿喜欢语言艺术，无论是朗诵、表演还是主持，都是她从小就喜欢并擅长的。一年级的时候，刘老师发现了她这个特长，于是推荐她参加了一次红领巾广播站的节目。女儿讲了一个"小熊刷牙"的故事，她绘声绘色的表演赢得了全班的欢呼和掌声。之后刘老师推荐她到红领巾广播站担当小主播，经过大队辅导员叶老师的面试后，女儿成了一名小主播。在叶老师的引导下，女儿进步很大，叶老师很擅于调动孩子们的积极性，每个月评比优秀小主播，每个期末让孩子们思考并提交下学期的栏目建议和想法，引导思考创作大家都喜爱的节目，并从手下储备的人才中挑选每个学期各项活动的主持人，我女儿也有幸在三年级时主持了全校的大型活动，得到了很好的锻炼，使她在语言方面更加自信。同年，女儿获得"奋斗吧！少年"全国校园主持人大赛广东赛区铜奖。

有次回老家，在返程的高铁上，我女儿滔滔不绝地和邻座的陌生人一路聊啊聊，临下车了，他们对女儿竖起大拇指，说你将来一定可以成为一名优秀的电视主持人的，期待将来在电视上看到你！

感谢老师们的呵护、引导和信任，使她在自己热爱的领域有这么多的表现和锻炼的机会。孩子马上要上五年级了，我无悔于当初的选择！谢谢成长路上的每一位恩师！

孩子的快乐成长和出色表现、家长和社会的高度认同、同行和专家的充分肯定……媒体对华阳也给予了极大的关注。一个个亮点、一点点成绩、一样样特色、一步步努力，吸引着各类媒体的目光。据不完全统计，中央电视台、广东电视台、广州电视台以及《人民教育》《中小学管理》《南方日报》《羊城晚报》《广州日报》等各大媒体近 400 次报道了华阳教育教学改革所取得的先进经验及办学成果。

办学仅 24 年的华阳小学，用自己对教育的爱与执着，用自己对教育的探索和实践，向师生、向社会、向教育改革的国家政策交上了一份让人满意、令人瞩目的答卷。

二、拓展外延，大家风范

虽然年轻，却已久负盛名；因为年轻，所以不断进取。无论是华阳还是生本，都在生生不息的成长之中，都在砥砺前行的探索之路上。

迎进来，走出去，我们“情往兴来，似赠如答”，在往还吐纳中，我们不断强化对生本的信念，不断扩大生本的影响，也不断完善生本的做法。我们的生本教育生态系统，我们的华阳文化生态系统，真正体现出开放、整体和多元的特征。

(一)华阳大门常打开

“有朋自远方来，不亦说乎?”“我有嘉宾，鼓瑟吹笙。”随着生本华阳的名气越来越响，越来越多的人开始走进华阳。远远近近的客人来了，华阳总是以最饱满的精神相迎，以最本真的面貌相待，以最诚恳的态度交流。而访问团离开之时，每每留下的，除了依依惜别的镜头，说不尽的留恋，常常还有交口称赞和对下一次到访的期待。

1. 教育无国界

华阳的魅力超越了国界。这些年，我们接待过的外国教育团体实在不少。来访者在华阳收获了许许多多，如美国中小学校长考察团，每年来华阳参观已经成了一个常规的项目，因为他们说，每一次来都会有不同的收获，都会有惊喜，从而让他们对下一次来访充满期待！

记美国中小学校长团来华阳小学访问交流

拥抱再拥抱，握手再握手，挥手再挥手！“It’s wonderful(精彩)!”这句高度的评价来自汤姆(Tom)——美国第六期美国中小学校长团团长之口。

第一，自主管理让来宾感受华阳学子的阳光自信。自主管理是我校近年倡导的德育特色，本次交流活动就给来宾留下了深刻印象。五(4)班学生列队在校门口热情迎接，每个人的脸上洋溢着阳光的微笑，向来宾赠送自己亲手制作的富有中国特色的礼物，以表心意。茶歇会上部分学生为来宾表演了精彩的民乐，不仅有古筝、笛子、二胡等独奏，还有葫芦丝合奏。来宾一边品尝醇香的茶和中式点心，一边陶醉在学生们的表演中。一群英语流利的学生自信地带领来宾参观了校园和班级自主管理阵地。众人不时停留于教室明亮的窗前，驻足于氛围浓郁的书吧流连忘返。在乒乓球室内，美国来宾更是兴致勃勃地与师生打起了乒乓球。

第二，自主教研让来宾感受华阳教师的无限精彩。本次交流还组织了办学思想、管理及教学方法上的研讨。首先是王建辉校长从学校的办学理念、发展过程、成效和展望等各方面为来宾进行了精辟的介绍，以来宾们不时颔首表示赞同。接着数学科组教师代表进行了“自主教研”的介绍。侯咏娴老师用娴熟的英语一一介绍到会的数学教师时，来宾们惊讶于华阳的数学老师英语也说得如此流利。邹涛、赖艳老师对自主教研进行了具体的介绍，余志敏、伍优青、王梦龙老师畅谈了自己参与自主教研的感受。来宾也饶有兴致地提出了许多问题，如自主教研是校长硬性要求的吗？活动频率怎样？是如何推广的？等。得到满意答复后，他们表示希望以后能有进一步的交流。

第三，自发主动让来宾感受华阳家长的大气好客。此次交流活动得到了我校家长的大力支持。他们主动热心地承担了部分接待工作，如提供了舒适宽敞的车辆接送、制作精美的点心款待、亲手制作刺绣作为礼物送给来宾——无不彰显了中国人热情好客的美德。

教育无国界。虽然中美两国在文化和地域上存在着很大的差异，但本次坦诚的交流活动让美国中小学校长对华阳和中国的教育有了更进一步的了解和认识。打造具有国际化视野的国内一流学校，华阳在行动。

记加拿大艾伯塔省教育代表团访问华阳小学

2014年11月12日上午，华阳小学天河东校区迎来了一批特殊的客人，他们是来自加拿大艾伯塔省中小学领导能力建设项目代表团。

作为广东省内唯一一所被参观的小学，学生们拿出了小主人翁的态度，在前期志愿报名小导游阶段有超过100人报名，选拔出来的来自一至六年级的小导游们带着远道而来的客人参观了校园。一路上，小导游们给代表团留下了深刻的印象，他们有的给客人们介绍了学校的办学理念和校训等，有的帮外国客人把名字译成中文，有的把自己班级的文化特色——学生们自己做的班级报纸带来给客人们欣赏，还有定点的博物馆导游给客人们讲了学校的发展历程。

华阳小学用代表学校七个培养目标的太阳娃人偶和极具中国特色的中国鼓欢迎了代表团。随后，代表团观摩了水果拳和羽毛球体育课程、黏土制作美术课程以及乐团特色课程。热情洋溢的学生们把自己制作的太阳娃黏土作品送给代表团。代表团被学生的热情、教师的专业和学校的文化氛围深深感动，连连赞叹“Inspiring(振奋人心)!”

接着，在座谈会上，华阳小学英语老师用简洁的语言做了“生本华阳，逐日远行”的学校概况英文介绍，代表团的专家们饶有兴致地向周洁校长了解华阳小学的办学理念、生本特色、学生活动、特色生本课程的设置等，并开展了热烈的讨论。

来自艾伯塔省教育厅国际合作处主任卧龙·默尔，即本次代表团的团长，说：“虽然我们都是来自从事教育行业很多年的人，但是我们从未见过一所这样的学校，让我们大开眼界。”另外，加拿大落基山公立教育局局长麦伟认为，华阳小学将自己的办学理念、七大目标以及课程结合得非常自然，也非常成功。部分专家对华阳小学的学生音乐素养和乐团深感震撼，觉得是在“以生为本”“以学定教”的教育教学理念的驱动下才能培育出这样的乐团。访问的尾声，加拿大代表团向华阳小学赠送了一幅当地教师作的水彩画作为纪念，而华阳小学也用“太阳娃”回赠。

加拿大艾伯塔省教育代表团访问华阳小学

华阳小学全体师生，就是这样在一次次活动中，胸怀理想，勇于担当，执着追求，不断地创造“心自由，行至远”的辉煌。

2. 我们是基地学校

作为全国中小学科研兴校示范基地、全国科研兴校示范基地、中央文明办“做一个有道德的人”活动联系点、教育部财政部“国培计划”教学实践基地学校、全国生本教育基地、中美教育交流 ELLE 基地学校、人大复印资料英语学科基地学校、广东省现代教育技术实验学校、广东省中小学教师培训实践基地、广东省校长培训基地学校……学校对天河区、广州市乃至全国的教学科研都起到了积极的辐射作用。

华阳小学协办国家教育部小学校长培训中心系列研讨活动

2013 年 3 月 18 日上午，由国家教育部小学校长培训中心主办、广州市天河区华阳小学和白云区京溪小学合作参与承办的全国优秀小学校长高级研究班践行教育家办学理念与实践活动——走进广州“人才培养与教学改革”校长论坛，在解放军疗养院会议中心隆重举行。参加这次活动的除了有全国优秀小学校长，还有广州市首批卓越小学校长培养对象及第一批至第四批优秀校长培养工程培养对象(小学校长)。

活动中，我校刘韵老师带着她所教的五(3)班学生上了一节体现我校“以学定教单元整体教学模式”特点的展示课。学生通过先学，自主学习有关长方体表面积的知识，在课堂上通过生生互动，师生互动来构建新知识。整节课充分体现了以生为本、以学定教的教育理念，课堂气氛活跃，学生思维清晰，表达流畅，精彩纷呈，获得了与会校长和专家的充分肯定。另外，我校舞蹈队的同学还现场表演了广州市获奖节目《地铁一号线》，也获得了与会嘉宾的一致好评。

19 日上午，国家教育部小学校长培训中心副主任、北京师范大学教育学部培训学院陈锁明院长带领来自全国各地的优秀小学校长莅临我校天河东校区，参观了校园并听取了周洁校长的汇报，对我校富有特色的生本教育实践探索给予了高度的评价。

“国培计划校长培训班”学员在华阳小学跟岗学习

“教育部农村校长助力工程”是“国培计划”的一部分，为提高中西部地区、集中连片特殊困难地区农村义务教育学校校长队伍的整体素质和办学治校能力，着力推动义务教育均衡发展而启动实施。

2014 年 12 月 11 日至 24 日，华阳小学接待了两批“国培计划校长培训班”的学员，他们是来自于云南、西藏、四川、新疆、湖南、广西等地的农村校长，每批校长在华阳小学进行为期 7 天的跟岗学习。

华阳小学为本培训班的学员制订了跟岗学习方案，开展了形式多样的活动。学员们首先参观了校园，博物馆、七彩长廊、图书馆、美术室等令他们流连忘返。周洁校长和江赵梅副校长为学员们做了专题讲座，介绍华阳小学的办学特色及学校文化；教师们为学员开放了课堂；语文和数学学科邀请学员们一起参加教研活动；行政班子的例会也邀请学员们一起参加。

校长们纷纷表示收获非常大，不仅增长了对校长专业标准的理解与认识，也提高了他们分析与解决学校实际问题的能力。

华阳小学在“国培计划校长培训班”中发挥的示范引领作用也引起了广东电视台的关注，在现代教育频道新闻栏目中对本次活动进行了报道。

华阳小学有“广东省中小学校长工作室”主持人周洁校长，有“广东省中小学教师工作室”主持人何建芬、王建辉两位广东省特级教师。

工作室每年都会接待一波又一波的跟岗学员，一批学员带着满满的收获离开，另一批学员又满怀着期待而来。

周洁校长以及两位特级教师独特的人格魅力、严谨的工作态度、忘我的工作精神给每一位跟岗学员留下了深刻的印象，华阳生本教育的实践更是激发和带动了许多人。前来跟岗的教师们说：“今日去华阳小学，真正感受到学生是学校的主人。升旗仪式的主持人落落大方，小导游的善始善终，语文课的精妙提升，数学课求异思维的拓展，无不彰显学生在这里成长是幸福的。顺义一行赴广州，今入华阳在其中，孩儿英姿又飒爽，震撼生本显其功。”有教师说：“从入门时学生的彬彬有礼，到听到本班获得流动红旗时学生们的欢呼雀跃，小引导员的主动服务和有始有终，再到课堂上的积极参与和认真点评，让我深深体会到了生本教育的魅力和参与其中的学生们的幸福。在学生获得成功的同时，我也发现教师的素质也随之而不断攀升。愿我们学校的教师和学生在不久的将来也能体会到生本教育给我们带来巨大的改变，享乐其中！”有教师说道：“课间，我在楼道里看到一位罹患侏儒症的教工，每个学生都恭恭敬敬问候、行礼，这不就是生本文化吗？也是我一直坚信的——教育在立人，人立则万事举！”他们感慨：“听了魏春燕老师的课，我觉得最深刻的是，这个教师让学生抒发了内心美好的情感，让学生感受到别人的友好和善意，因为有你，真情现，爱心现。学生内心会一直保留这种情感，即使岁月流逝，它也不会消失。正如歌词中所说的‘你存在，我深深的脑海里’。”他们思考：“华阳之行，收获很多，选一事之谈。学校教育最终的结果是作用于学生的，单看华阳的小导游就很有感受。我的导游是个学钢琴、会武术、跳舞蹈、喜作画的小男孩，他的多才多艺从言谈举止中一览无余，特别是在交流中，他对学校的活动、课程、社团等都能说出一二，甚至是学校什么时候会种上新的花木都了解得很清楚。最后，当他把我带到听课的地点时还细心地帮我指定座位后才离开。种种行为让我感受到学生成为学校的主体，学校的主人，这是把学生推向台前，自主展示的结果，是生本教育最终的结果吧。”他们更相信：“少一些急功近利，多一些信任等待，给学生们尽可能多的时间和空间，他们会创造让世界瞩目的教育奇迹！这就是生本教育的力量！”

走进华阳，前来跟岗的教师们会有怎样的观感呢？广东省小学语文骨干教师跟岗学员陈静文老师撰文如下：

初进华阳，初识华阳人

挥挥手作别父母和孩子，挥挥手作别家乡的云彩。一路上颠颠簸簸，折腾了五个多钟头，终于到了跟岗的学校——华阳小学。

华阳小学的陈丽霞副校长满面笑容地给我们引路，一路上，陈校长说话的声音柔柔的，特别好听，这是华阳人给我的第一印象。走进学校大门，发现学校不是那么大，但一切都是那么整洁，那么有序，难怪刚来时我同事告诉我华阳小学是精品式学校，真是百闻不如一见。登上楼梯时，我发现陈副校长弯腰拾起落在台阶上的一块纸屑，尽管动作细微，却让我感受到她的严谨。

“对不起，老师，你们一路辛苦了……”好柔的声音，我们循声望去，只见一位衣着朴素，长相清秀，看上去 30 多岁的老师映入我的眼帘。我小声对我们组长嘀咕：“是导师何老师的助手陈琳老师吧？陈老师都 30 多岁了，那何老师得有 40 多岁了吧。”组长微笑着赞同我的看法。“老师们，我们是来为你们服务的，初次见面，招待不周，真不好意思。”说这话时老师还带着几分腼腆。介绍完本次的跟岗计划后，这位老师问我们有什么问题，一同行问：“何老师，我想请教你一个问题。”“怎么，她……她是何老师？”只见何老师亲切地跟学员交流，看上去是那么年轻，让我再次近距离走近名师，感受她那平易近人，感受名师赋予她独特的气质。我想这20天，在她的带动下，我们一定会学有所成的，我期待着。

走进课堂，前来跟岗的教师同样收获满满。广东省“百千万”名师培养对象跟岗学员、番禺区市桥富豪山庄小学叶红梅老师撰文说：

诚心教育　赢得精彩

这两天有幸走进天河区华阳小学跟岗，感受到了生本教学的魅力，也感受到了名校的风采。总结如下：名校的风采——生本教育彰显科研品牌特色；名师的风范——诚心教育，精心育人，做有内涵的教师；学生的风度——知识丰富，能力超群，像演说者，又像知识渊博的研讨者。这些都是华阳小学“充分相信学生，高度尊重学生，全面发展学生”的生本教育理念所取得的成就与辉煌。

昨天听了一节何老师单元导读课和“以学定教单元整体教学模式”专题讲座，今天又连续听了何老师的两节常态课，分别是精读课“地震中的父与子”和读写课“写下你的爱”。教学上，何老师坚持以生为本的教学理念，努力实现低负高质。在何教师眼里，学生是天生的学习者，他们不仅是教育对象，更是教育的动力资源、能量之库、成功之本。

课前，何老师给学生提供的是一个宽容、宽松的学习环境，放手让学生们充分去预习、查找资料、小组合作研讨学习，有的学生还找来了跟课文内容相关的视频和诗句。课堂上，学生们自主学习，合作研讨，角色朗读，尽情展示小组学习的成果，他们的语言表达流畅，大方，活泼，自信，他们是学习的主人。

上课伊始，学生一下子就能围绕课文的内容提出三个主要的问题，何老师放手让学生带着“这是一对怎样的父子”这一问题去合作学习，提醒学生抓住人物的神态、动作、语言和环境的描写，去体会人物的内心，感受这一对父子的“了不起”。何老师非常注重学生读书的感受，一句“你怎样感受这对父子间的信赖和震撼”这样的引导，把学生带进了课文内容的紧张与情感中。课堂上，连板书都是学生自己设计的，若没有平时的训练有素，学生们不可能在短短的几十分钟内写出这么概括、精准的板书。

广东省小学语文骨干教师跟岗学员、广州市协和小学郑维玮老师撰文说：

感受原生态的美

对我这个一线教师来说，一直都希望能听到大师级的教师执教的最平常、最生活化、最原始的课。终于，这次的跟岗学习达成了我的心愿，因为何老师的课堂让我真正感受到了原生态的美，美在它的真、它的实、它的新，更在它带给我的惊讶。

真，是因为何老师的课没有刻意要改变什么，平时是怎么上的就怎么上，我们真实地看到当学生出现不同的情况时，老师怎样做出不同的处理，也真真切切感到了老师领导力的重要，并不由思考自己会怎么处理教学中出现的类似状况。

实，何老师的教学目标很明确，很清晰。她每时每刻都在实实在在地训练学生的识字能力。在整个的教学流程中，甚至是每个课型中，识字无不贯穿其中。课前的小广播，课中的识字环节，课外的识字拓展，甚至连作业也是为了增大学生的识字量。

新，何老师的课令我们耳目一新，单元整合，到底是怎么一回事呢？这是我们大家刚进华阳听到何老师介绍后不约而同产生的疑问，到底怎么整合？分哪些课型？不同年级又怎么操作等问号一直围绕着我们，甚至吃饭的时候我们都还在探讨这些问题，似乎总想从华阳这所名校中挖掘到什么“宝藏”。

至于惊，莫过于学生们给我们带来的惊讶，如果不是亲眼所见，我是绝对不会相信，坐在我身边的这些随口就可以读出一篇小文章的小不点们是一年级的学生。他们早已经走进了阅读的世界。我们真替这群学生高兴，因为他们幸运地遇到了真正的引路者。

3. 聚焦好课堂

老子说："道法自然。"教育使人发展之"道"，就在于充分相信并依靠学生，将发展权交还给学生，从而激发并使其充分运用发展的内驱力，让生命在良好的教育发展生态中尽显其真善美的无穷魅力。正因为如此，一种开放、民主、和谐、活跃的现代生本课堂教学模式已经在华阳小学形成。

"周校长始终抓住课堂教学这一主线，这是华阳不断跨越发展的最重要的保障，周校长那么忙还坚持每周深入课堂，指导年轻教师成长，为班子做榜样，深感敬佩，这是华阳学子的福气!"来周洁校长工作室跟岗学习的俞汉华校长如是说。是的，华阳之好，首先好在课堂。关于华阳好课堂，大家要说的话很多很多："走进华阳的生本课堂，领略到了一股强大的生命力量。课堂，原来可以这样活泼生动，这样无拘无束，这样和谐共享，这样超越课堂，这样融入生活！这一切，皆有赖于华阳办学理念与培养目标的指引。""课堂上，个人报告，小组研究，让我看到思考的深入，思维的清晰。每一个站上讲台的小华阳人眼中尽是灵光与智慧。最自在、最朴素的课堂，师生享受的是教育的乐趣，是生命的激扬，是对天性的尊重。"……

聚焦华阳好课堂，不仅是呈现，而且有研究。作为广州市天河区教育教学的领头学校，华阳小学承办的教学研讨交流活动非常多。

一堂好课的标准——"聚焦课堂，提高质量"研讨会

暨华阳小学课堂教学改革现场会

2014 年 3 月 6 日至 7 日，2014 年天河区小学校长"聚焦课堂，提高质量"研讨活动在华阳小学举行。本次研讨会以"一堂好课的标准"为主题，旨在引导学校进一步关注课堂，关注教学改革。

活动首先由华阳小学数学科科组长黄必瑶和英语科科组长蔡淑华分别介绍华阳小学"以学定教单元整体教学模式"中本次研讨课型的特点，然后由华阳小学赖艳、刘莎两位教师分别执教研讨课例——"用除法解决问题”“Ben’s changes”。课堂上，教师的适时引导妙趣横生，同学们认真思考，思维活跃，小组合作分工有序，学得兴味盎然。

6日下午，华阳小学周洁校长介绍学校课堂改革经验，各兄弟学校校长分组讨论交流并派代表汇报，大家结合研讨课例，高度赞扬华阳小学课堂教学改革取得的成效。随后，天河区教研室徐海元主任对课例进行了精彩的点评。

7日，上午是季苹教授“呼唤有意义的教学”精彩讲座，下午是“与季苹教授面对面”的互动交流。区教育局领导对华阳小学成功举办本次活动给予高度评价，也对华阳小学“以学定教单元整体教学模式”的课堂教学改革提出中肯的建议。

思维碰撞，启迪智慧，不断探索。天河区小学校长“聚焦课堂，提高质量”研讨活动为华阳小学和其他兄弟学校搭建了教育经验交流的平台，激励大家不断探寻课堂改革的方向，也必将促进华阳教育教学质量更上一层楼！

潜心教学，传承精彩

2014年12月3日上午，天河区华阳小学数学教研基地开放活动之二“暨彭娅名师工作室回访学员活动”在华阳小学林和东校区三楼综合电教室举行。省特级教师彭娅老师、区教研室教研员周峰老师、生本教育专家梅馨老师、省骨干培训班学员、市百千万名师培养对象及部分区兄弟学校的同行们参加了本次活动。

本次活动的主题是“同课异构课堂教学分享”，上课内容是六年级“圆的面积”，上课班级是我校六(5)班和六(2)班。第一节课由我校邹涛老师执教，她是彭娅名师工作室第一期省骨干培训班学员。邹老师的课以学生的前置性学习为基础，以学定教，在课堂上通过小组合作交流，通过多种方法推导出圆的面积公式。第二节课由来自中山市的陈刚老师执教，他是彭娅名师工作室第三期省骨干培训班学员。陈老师的课以情境导入，循序渐进，并辅以课件，带领着学生们用极限思想和转化思想推导出圆的面积公式。

课后，大家分组评课议课，对这两节课都给予了高度的评价，特别是邹涛老师的课，有序的小组合作，学生们的生命力和学习力带给老师们很多启迪和思考。

彭娅老师在最后的点评中肯定了生本教育给华阳学生带来的成长，两个班的学生思维活跃，学习主动性高，独立思考能力强，研究氛围浓，并对生本数学课堂教学提出了宝贵建议。

除了邹涛老师为彭娅老师的往期学员外，我校的余志敏老师和黄必瑶老师也正以市百千万名师培养对象的身份在彭娅老师处跟岗学习。我们相信，在名师的引领下，华阳教师将得到更好的成长，并以点带面，带动生本数学迈上新的台阶。

敞开的大门不仅仅迎来到访的嘉宾，也送走远行的家人。除了校内的交流研讨，华阳的许多教师还被邀去外地上示范课，或是在许多的研讨活动中发言、做讲座，将生本的理念和优秀的课堂经验传播出去，在交流中共勉共进。

华阳小学赖艳老师在“全国首届微课论坛”上发言

“全国首届微课建设与创新应用高峰论坛暨 GDAEE①2013 年学术年会”于 2014 年 1 月 4 日至 5 日在佛山举行。本次论坛汇聚了广东、山东、江苏、北京、重庆、辽宁等全国各地 260 余位教育信息化以及微课建设与应用的教育行政部门领导、高校研究机构专家、一线学校骨干教师与教育企业研发人员。

华阳小学受论坛组委会邀请参加并在论坛上做学术交流。赖艳老师代表华阳小学在学术论坛上做了题为“微课在小学数学课堂的应用研究”专题报告。本报告以华阳小学翻转课堂实验团队在生本课堂中引进微课的创新实践谈起，探讨如何让微课与华阳小学特色的自学报告单结合，让学生的前置性学习做得更好，让生本课堂焕发出更大的生命力。在

① 注：广东教育学会网络教育专业委员会，简称 GDAEE。

“以学定教”的前提下，在重视学生们课堂生成的基础上，哪些课适合用微课，如何用微课，赖艳老师结合实验中的多个案例，向专家和同行们阐述了华阳小学的收获和思考。

赖艳老师的发言引起了南京大学桑新民教授等专家的极大兴趣，并得到回应，他们肯定了华阳小学的尝试并提了宝贵意见。同行们纷纷表示此报告对他们具有很强的指导意义，并记下华阳小学的联络方式以加强合作与交流。

4. 手相牵，爱相随

华阳小学身处广州新中轴线上的商务中心区，广州城市发展东进的核心地带。走出校园，满目所见就是鳞次栉比的高大楼群，从教育生态环境来讲，具有资源集聚的优势，华阳人深知这一点。他们在阳光雨露滋润中将大爱的目光投向了其他地区和其他学校，在紧张繁忙的工作之中，勇敢地肩负起自己身上的社会责任，把教育的情怀和教育的理念传向四面八方。

爱在南亩

——华阳小学开展“千校扶千校”活动

爱，是人类最美好的情感，也是每一个华阳人为之骄傲的学校人文内涵。2009年，华阳小学与广东省韶关市南雄市南亩镇中心小学确立了“千校扶千校”合作关系。几年来，双方一直有着交流与合作。华阳小学不仅多次为他们捐赠物资，还多次派出骨干教师“送教下乡”到南亩镇中心小学，提升南亩镇中心小学的教学水平。

2015年5月26日、27日，华阳小学继续落实广东省教育厅组织的“千校扶千校”活动，与南亩镇中心小学开展了一次活动，拓展了帮扶活动的新途径。

(1)家校携手让南亩孩子共享“六一”欢愉

5月26日早上，带着全校师生的嘱托，谭智华副校长率队，满载着学校自筹的捐赠物品和各班捐赠的礼物，驱车6小时前往南雄市南亩填中心小学，专程送上华阳师生和家长们的爱心。

下午4点左右，当大家来到教室，学生们正端正地等候着。当学校李校长介绍是华阳的老师带来了广州伙伴的礼物时，教室里响起了热烈的掌声。学生们接过礼物，连声说谢谢，稚气的小脸上洋溢着激动与兴奋。那一刻，活动现场温馨感人，每一个在场的人都感受到爱的芳香在空气中流淌。是啊，爱，不分贫富，没有贵贱，只有快乐分享和健康成长。

而本次活动能成功开展，得益于学校家委会的大力支持。5月中旬，学校家委会肖航主任就牵头策划了“大手牵小手，快乐‘童’心‘援’”——为南亩镇中心小学的孩子募集“六一”儿童节特别礼物的活动。各班家委会牵头，发动班级各位家长，大手牵小手，和孩子共同开展以“四个一”(一张自制的小贺卡、一本课外读物、一份文具、一件生活用品)为主要形式的爱心传递活动。短短几天，各班就汇聚了大量的爱心分享礼物。

(2)送课下校让南亩教师感受生本魅力

这次前往，我们还选派了年富力强、业务精湛的数学老师余志敏、语文老师陈毅丹、音乐老师叶振宇送课下校，学校和教师为此做了精心的准备工作，确保送去教学新理念和教学新技能。

5月27日早上，三位教师神采奕奕地出现在教室里，与学生们共同分享了充满活力和生命精彩的异地生本课。

数学课上，或许是很少与陌生的教师上课，又加上后面满坐着听课的教师，五年级的学生刚开始显得有点拘谨。余志敏老师敏锐察觉后，首先用他们熟悉的“六一”节目排练入手，创设了一个问题情境，并鼓励他们在小组里讨论、交流，学生们慢慢放松了。而余老师也时而用诙谐的语言调动学生参与的积极性，时而热情鼓励大胆发言的学生，学生们课堂学习越来越主动，越来越生动，最终圆满掌握了“众数”的相关知识。

余志敏老师的数学课

陈毅丹老师通过“爱迪生救妈妈”一文，“小文章教出了大道理”。让二年级的学生识字、品文、阅读课外资料，学生们充分感受到了阅读的乐趣。许多学生下课后就捧着陈老师送的科学书津津有味地读了起来。

二年级的音乐课由叶振宇老师执教。毕业于星海音乐学院的叶老师自身音乐素养超群，他的教学设计贴近学生生活，创设打手号伴唱、小组练唱、教师范唱等环节，充分让每个学生得到练习和展示。他的教学技艺收放自如，既鼓励学生们大胆展示自我，也提醒他们要有规则。学生们被深深吸引住了，全情投入到课堂里，从开始的不太会唱到唱得和谐动听，达到了令人满意的教学效果。

叶振宇老师的音乐课

动静相宜的三节课赢得了啧啧称赞。评课时，南亩教师纷纷感慨："感谢华阳小学给我们传经送宝。在课堂上我们充分领略到了生本教学的魅力，这是我们听过的最精彩的课!"并与三位教师展开了热烈的互动讨论。

回到广州后，2015 年 7 月 11 日，华阳小学东篱诗社的小朋友们还专门为南亩镇中心小学组织了一次义卖活动，由华阳小学一(2)班家委会承办，《广州日报》以及大洋网、腾讯网等多家媒体都有报道。

爱在大埔——邝艳芬老师的支教总结

2013 年暑假，我有幸被学校选中参加大埔支教。2013 年 8 月 29 日，我随广州市教育局支教团队从广州出发，历经 400 多千米，将近 8 小时的雨中颠簸，终于来到了大埔县。

大埔县位于梅州市最东面，与福建接壤。这里虽然远离大都市，但给我的感觉却并不偏僻。大埔多山，道路多沿溪而行，村庄点缀于山水之间，民居端庄有礼，村道上路灯井然有序，溪流小桥多有碑铭相伴，山区少耕地，有限的地皆被精耕细作，源源不断地产出各种粮食、蔬菜、瓜果。客家人好茶，更好客，走进村庄，无论认识与否，都会热情相邀到家中品茶。置身于这片充满客家文化气息的山水之中，我从未有过身处偏僻之感。

(1)百年乡村老校——枫朗镇中心小学

我被安排在枫朗镇中心小学，这可是一座有着百年历史的名校。如今，老校旧址虽静矗校园一隅，但依然是学校重要的一部分，其古朴而庄严的大门上有一副对联：勤能补拙俭可养廉，学能治愚志可移山。这充分表达了客家人对教育的尊崇和期许。

我负责六(2)班的数学课、体育课、信息技术课、思想品德课，每周总共 12 个课时。六(2)班一共有 32 个学生，大约有 70%是留守儿童。这些孩子给我的感觉是淳朴、健康、听话、爱劳动。与华阳小学的学生相比，他们的数学基础要差很多，主要表现在对数理理解的缺陷。针对这种情况，我采取了以下措施：培养孩子们的自信心，为了有好的教学效果，我营造了轻松愉快的课堂氛围，并且注意给基础差的学生表达的机会；要求孩子们养成独立思考的习惯，并且坚持独立完成作业；通过摸底调查，分别对学生进行分级查漏补缺，从最基础的计算能力抓起；经常跟学生交流，及时了解他们的思想、心理和学习状况，以便实施更有效的教学过程。看着孩子们对数学学习的兴趣越来越浓厚，信心越来越强大，我感受到与孩子们的关系越来越亲密，心中充满欢乐与感激。

我发现，在家庭教育环境方面，山区的孩子与大都市的孩子有着巨大的区别。家庭教育环境是影响孩子成长的一个重要因素，通过与孩子们的交流，我发现城乡家庭教育环境的优劣不能一概而论，我们应该从孩子们的角度去审视这种差异。为此，我开展了关于“城乡家庭教育环境差异及学生满意度”的调查研究。在同事的帮助下，我们对枫朗镇中心小学和广德小学的260名学生以及广州市天河区华阳小学的180名学生进行了问卷调查。该项研究一方面比较城乡家庭教育环境的差异程度，另一方面了解孩子们对各自家庭教育环境的满意度，旨在分别为城乡家长优化家庭教育环境提供理论依据。

来到枫朗镇中心小学，也为我和这里的老师互相学习、交流提供了很好的机会。本校老师给我介绍了学生在思想、思维和学习等方面的各种信息，为我能够尽快有效地开展教学工作提供了极大的帮助。我也把华阳小学的生本理念、以学定教教学模式，通过公开课和课后交流的形式介绍给了大家。

(2)人在异乡不孤独

枫朗镇中心小学的领导为我们支教教师营造了优越的教学和生活环境，优先安排了宿舍，并为我们购置了棉被、床单等生活用品。领导们还经常嘘寒问暖，对我们的生活和工作关怀备至，让我们感受到了家的温暖。

华阳小学的领导也多次来电话了解我在大埔的生活和工作情况，给予我鼓励和支持。2013年12月5日，天河区教育局和华阳小学领导还亲自远赴大埔，来到我支教的学校——枫朗镇中心小学，为山区的孩子们带来了140套崭新的课桌椅、5000册书籍和多套文具，同时更为我带来了组织的关怀和温暖。

在枫朗镇中心小学，同事之间的关系都很融洽。工作之余，与同事一起喝茶、畅谈是一件很开心的事情。这一年时间，我没少在同事那里蹭饭吃，既品尝到了客家的美食，又感受到了客家人好客的情怀，只因我厨艺不佳，无以回报，每每想起，觉得甚是愧对大家。这一年来，我吃的新鲜蔬菜多是由同事和学生家长馈赠。周末外出回到家，门口常常摆放着不知哪个同事送的各种蔬菜和瓜果。

每逢节假日，广州的同事、朋友和家人都会来枫朗与我相聚，我们也趁此机会好好游览了大埔的风景名胜，其中有花萼楼、坪山梯田、西阳茶山、李光耀祖居、茶阳古城等。五一期间，在张秋香老师的酒厂品尝的客家佳酿，给广州来的一班朋友留下了难忘的印象。

支教的这一年，无论是精神上还是物质上，都可谓收获良多。我相信这不是一个终点，而是一个新起点的开始，因为我即将成为一个来自大埔的广州人。

邝艳芬老师在大埔支教

5. 一起走吧

为了进一步扩大生本教育的成果，周洁校长还带领华阳小学团队与生本联盟的珠村小学、长湴小学团队一起，成功申报广州市创新学术团队，以“小学阶段多维立体公民教育特色课程建设”为主题，通过跨校合作进行研究，建立整合与共享优质资源的有效机制，共同开发并实施公民教育特色课程，锤炼具有创新意识的骨干教师团队。

与此同时，为了最大限度地整合资源，探索联合办学的新模式、教育均衡化的新方法，以实现教育效益的最大化，华阳还与四川省成都市海滨小学、香港打鼓岭岭英学校等结为友好学校，彼此取长补短，将生本教育的理论和实践不断引向深入。

作为生本教育的学术基地、人才高地、科研盛地，华阳小学还与来自美国、加拿大、英国、俄罗斯、新加坡等多个国家及包括港澳台在内的全国各地的教育界同行进行了广泛的交流。华阳小学在合作中引领、在交流中影响，把自己的经验辐射到四面八方。

多维度、多层次、高频率地和外界沟通和交流，使华阳小学走出了地理位置和学校范围的限制，成为一所没有围墙的学校，成就了大化流行、生生不息、充满活力的华阳教育生态，这一良性的生态环境是华阳学子成长的沃土，学校也富有创意地充分利用这些活动的大好机会，为学生的自我教育、自主管理搭建平台，让学生参与到接待、交流、展示、研究等活动中来，从而发挥教育生态系统的作用，全面发展学生。

当然，华阳的学子们也没少走出校园，走向四面八方，走向广阔世界，在各种类型各种层级的交流中展示自己，展现华阳风范。

做社会的守望者

——2011 亚运小记者精英赴香港进行交流

2011 年 1 月 17 日，亚运小记者精英赴香港媒体开展媒介交流活动。我们亲身探营香港有线电视、TVB 电视城和明报社。相关领导和记者们热情地接待我们，还带我们参观并介绍了香港媒体的情况及分享新闻采访的经验。明报社的总编张叔叔告诉我们：“记者就是社会的守望者，要勇敢地问为什么。”还为我们上了一堂生动的香港媒体新闻课。勇敢地追查事件的真实情况，要把任何一个设想变为现实，只有这样才能当好一个记者。

1月18日，我们来到了位于香港大屿山的迪斯尼乐园，体验了一节有趣的动漫课，在那里我“见识”到了最早的影像器材——活页动画和留影盘，这两件影像器材都是以视觉暂留原理运作的。接下来的活动就是快乐迪斯尼，开心玩通天。一天的时间就在快乐中悄悄地溜走了。

1月19日，我们小记者在香港教育局与香港青年联会的哥哥姐姐们一起“大倾解”。通过他们，我们了解到了不少香港同伴的学习秘诀。他们还和我们一起分享上学的趣事。哥哥创作的“上学诗”更是道出了我们共同的“心声”，真是讲得太有道理了。

粤港情深，短短几天的香港交流让我们回味无穷，带着大大的收获、深深的留恋，香港这颗璀璨的“东方之珠”让我们再也无法忘怀。

难忘的亚运小记者精英香港交流活动

(二)华阳精神礼赞

走过24年办学历程，经历24载春华秋实，今天的华阳小学，以鲜明的办学理念为引领，以丰富的学校课程体系为载体，以实现学生个性化发展为目的，以永不止歇的教育探索与教学实践，铸成了学校的特色与品牌，把学校办成了具有国际视野的国内一流学校。

是什么让我们走向成功？回首来时径，展望万里路，华阳深深地知道，除了人所共知的生本教育之外，还有生本教育背后强有力的支撑，那就是厚德敏行、执着进取、逐日远行的华阳精神。

1. 筚路蓝缕，开拓进取

“筚路蓝缕，以启山林。”华阳小学创办之初，面临的困难之多，承受的压力之大，都是难以想象的。除了硬件设施的严重匮乏之外，最为严峻的问题是：学生存在厌学情绪，甚至出现逃学现象，待进生比例较高。

在这样困难的条件下，在这样严峻的现实前，华阳人选择的是：积极作为，摆脱困境，寻求发展。从郭益秀校长的起步，到周玉娥校长加入生本教育研究并开展生本实验，再到王建辉校长和周洁校长坚持生本路径，华阳人始终以开拓的精神推进方方面面的工作。特别是走上生本道路之初，华阳的实验过程不仅不是一帆风顺，反而是历经曲折。第一个生本实验班，一年级接受调研检测，同级相比倒数第二，家长质疑声不断，教师顾虑重重，实验成效受到了极大的挑战，可谓举步维艰。尽管通过生本教育模式的研究与开展，学生呈现出了如下特质：知识面广，善于表达，阳光自信，实践力强。但在国内的考试体制下，大部分学生都要经历小升初、中考、高考，考试成绩是评价学生的重要指标，甚至是唯一标准。生本实验班仅仅是评研，没有考试。一段时间，围绕生本实验，争议、困惑、质疑连续不断。是放弃？妥协？还是坚持？深深地困扰着华阳人。

古人云：“无欲速，无见小利。欲速则不达，见小利则大事不成。”教育的本质是什么？仅仅是培养考试机器吗？不是的，教育不仅应该关注当下，更应关注未来，关注孩子的可持续发展。华阳人以自己的“逐日精神”坚持着，充分相信学生、高度尊重学生、全面发展学生，不畏劳苦，不计名利，本着“为了学生的长远发展”这样一种朴素的情怀，彻底而纯粹地推进生本教育。事实证明：生本强调评研，但也不怕考试，学校在学科竞赛、毕业考中都取得了优异的成绩。良好的效果坚定了教师、家长和学生的信心，得到了各界的广泛认同。

华阳人就是这样，从简单和艰苦开始，一路坚持走下来，像一位勇敢和辛勤的开拓者，在生本的领地里辛勤耕耘，春天播种，夏天耕耘，最终收获了金色的秋天！筚路蓝缕，不畏艰险，坚持不懈，开拓进取，这是华阳逐日精神的首要内容。

2. 雷厉风行，务实肯干

2012 年，华阳小学迎来建校二十周年华诞，为此，学校建立"华阳小学博物馆"，举办了"让生命如花绽放"的庆典活动，还在"六一"国际儿童节之际，组织了以"泼墨挥毫迎校庆，能工巧手添华光"为题的欢庆"六一"、喜迎二十周年校庆暨第 18 届艺术节现场书法挥毫、绘画、手工制作秀活动。一年的盛事，俊友如云，兴会空前。这么多的活动，华阳教师们本着务实肯干的精神和雷厉风行的作风都精彩地完成了。

是的，华阳人身上有一股"牛"劲，不管任务多繁重，他们的习惯就是：给任务你就要毫不犹豫地接受，就算有难度有困难，那也是接受后再努力想办法解决的事情。所以，华阳人很少在领导面前说"不"。

是的，华阳人身上还有一股"虎"劲，他们走路虎虎生风，做事雷厉风行，不拖泥带水，而且，每个人都有着一种很"要强"的傲劲，都相信自己能把事情完成。所以华阳的教师都是重实干、特能干，而且行动力非常强。

让我们来一起读读"华阳小学二十周年华诞致全体校友的一封公开信"吧。

亲爱的校友：

您好！

岁月如歌，盛会有约。2012 年，华阳小学迎来二十年华诞。这是全校师生和上万名校友期盼已久的一件喜事。学校将以"展示成就、扩大影响、凝聚实力、促进发展”为主题，举办华阳小学二十周年校庆。2012 年 10 月 20 日为校友回校日，10 月 28 日举行庆典活动。二十年校庆，是华阳小学发展的里程碑，是我们续写光荣与梦想的盛典，更是继往开来，再创辉煌的新起点。

1992 年，在各级领导的亲切关怀下，华阳小学诞生了，二十年风雨兼程，二十年求索奋进，积淀了丰厚的文化底蕴，培育出上万名社会栋梁。近年来，学校更是以“培养具有完整心灵的学生”为目标，坚守“充分相信学生，高度尊重学生，全面发展学生”的办学理念，倾力打造精品教育，形成了富有华阳特色的学校文化，教育教学成果斐然，遐迩闻名，跻身广州教育名校行列，成为莘莘学子梦寐以求的成才摇篮。

亲爱的校友，母校取得的成绩，离不开你们的奋斗、关心和支持。往事如风，但光荣与梦想，欢笑与掌声，激情与奋斗，都无法随风而逝。聪慧朴实的你，曾在这一方晶莹明澈、静谧安详的校园里呼吸吐纳，在这里舒展个性，沐浴心灵；在这里敞亮视界，启迪心智；在这里享受成长，高扬理想。你们的人生之舟从这片宁静的港湾启航，带着憧憬，带着理想，带着对生活的执着与真情，驶向更加宽广的生活海洋。

春风化雨，润物年年。上万校友，走出校门，搏击社会，贡献祖国，服务人民。今天的您或跻身政界，或扬帆商海，或身在学府，或笔挥文坛，或驰骋海外。有多少崭露头角，享有盛誉；有多少成为中坚，遐迩闻名；还有多少岗位平凡普通，无私奉献，默默耕耘。正是你们的努力拼搏、默默奉献，才有了母校今天的荣光与发展！是的，无论您在天南海北，心里总会惦记着母校，正如古印度诗人所描述的“你无论走得多么远也不会走出我的心，黄昏时候的树影拖得再长也离不开树根”。同样，母校也以母亲的情怀，时刻注视着您的成长和发展。无论岁月流转、时光飞逝，都不会冲淡母校对您的殷殷牵挂和浓浓深情，您一生的平安与幸福是母校最大的心愿！

幸哉母校，壮哉母校！任二十年风雷激荡，笑看寒来暑往，谱就春华秋实；看处处花树成荫，欣当年幼苗参天。更喜琅琅书声入耳，恍如回到流金岁月少年轻狂……亲爱的校友，二十年了，回家看看吧！让我们一起重温校园的宁静美丽，重温同学之间历久弥深的情谊，重温师长们的谆谆教诲，享受久别重逢的喜悦，忆述那一段难忘的岁月，增进师生之间的情谊。“青青子衿，悠悠我心。”无论是天涯游子还是异乡娇客，无论是功名卓著还是默默无闻，母校将张开双臂，拥抱久违的您。母校将舒缓您揪心的乡愁，母校将慰平您坎坷的酸楚，母校将张扬您辉煌的业绩！

为方便广大校友与母校的联系，学校已在华阳小学网站开设了校庆专栏，欢迎广大校友上网查阅信息，并希望各位校友能尽快与母校取得联系，接受母校诚挚的问候和热情的邀请。

母校华诞，桃李欢欣；在校师生，翘首以待。让我们再一次代表母校全体师生向您发出热情的邀请，期盼在2012年金秋与您相约。祝大家身体健康，家庭幸福，事业有成，万事如意！

华阳小学校庆筹备委员会

2012年5月

“做中学，做中教”是陶行知生活教育理论的重要组成部分，也是陶先生课程方法观的生动写照。是的，实践出真知。华阳人正是用这样的实干精神，在实践中形成了学校特有的教学理念、教学研修、教学模式、教学评价……探索出了“先学后教、少教多学、以学定教”为核心的生本教学理念体系、“以学定教单元整体教学模式”为主的生本教学课堂体系、“自研与集研互促式教学研修模式”为主的“生本教学”研修体系。它们和“七彩生本”课程体系相辅相成，互促共生，推进了学校的教学变革，促进了教学质量的提高，提升了师生的发展质量，同时还形成了富有华阳实践特色的五大机制：“华阳杯”课堂教学大赛推进机制，“华阳智慧”反刍式校本培训辐射机制，“华阳有约”交流分享提升机制，“华阳演说家”弘扬正能量师德建设机制以及“起航—飞翔—领航”的华阳教师队伍梯度培养机制。毫无疑问，雷厉风行，务实肯干正是华阳逐日精神的重要组成部分。

3. 凝心聚力，精诚团结

很多人说，华阳人所承接的工作任务，放在许多学校可能要用一两个月的时间来准备，可是华阳人习惯了不管是怎样的任务，都马上分工快速完成。因为这是一个凝心聚力，精诚团结的集体，华阳团队就像一台充满智慧和能量的高速运转的机器，“漂亮”地完成着一个个的任务。

华阳小学是非常有凝聚力和团队精神的一个集体，是所有华阳人温暖的家。多年来，一次次的突破与飞跃，一项项看似不可能完成的任务，都被华阳人拧成一股绳，齐心协力攻克下来。支撑生本华阳一步步走向成功的，毫无疑问还有精诚合作的团队精神。

全体教师合影

下面是三年级数学集备组伍优青老师的一篇总结分享材料，管中窥豹，一叶知秋，透过这个小团队的表现，可以一窥整个华阳团队的合作精神。

六个臭皮匠，两个诸葛亮

三年级数学集备组是一个特殊的集备组，我们有六个老师：赖艳主任、王健主席是行政，陈鄂老师是一位提前了一个多月回校上班的新妈妈，小谭是个风一样的“男神”，经常忙得“神龙见首不见尾”，我和梦龙则踏踏实实驻扎在课堂。六个老师都在不同的办公室。但是，环境原因没有阻挡住我们年级组集备的巨大热情，我们总是抓住各种契机、各种途径，想方设法地进行教研。

(1)动态教案的撰写

年级组每一个老师都对我校“以学定教单元教学模式”非常认同。我们根据学校动态教案的集备要求，采取了“个人先备—集体再备—打印成册(由主备人负责)—在册上撰写个人反思”的做法，做到带教案进课堂，课后常反思。每一位老师都在精心备课后，上好每一节课，向40分钟要质量，在这种方式的实施过程中，初步取得了良好的效果。

(2)自主教研的内容与方式

自主教研的主要内容是，把即将要学的单元的重难点在集备组交流，找出突破难点的最好方法，解决教学当中的疑惑。例如，小学数学学习，计算的准确性很重要。我们年级组开学初就如何提高学生的计算能力，做了研讨，明确计算教学一定要学生明白算理，才能掌握计算的方法。上周，在进行了两位数乘两位数的单元检测后，我们发现学生竖式计算、递等式计算还是容易出错。于是我们制定了每天一练(4题竖式+1题递等式)的方法，让学生每天进行竖式计算及递等式计算练习，并把本学期的素养比赛定位为竖式计算及递等式计算，借此提高学生计算的准确性。

主要方式是碰面教研、网络教研、行政听课和校内外授课，我们年级组教师虽然不在同一个办公室，但是教研把我们连在了一起。我们经常在三年级数学群上进行沟通和交流。

本学期第三周的行政听课，年级组教师通过研讨，决定采用同课异构的方式。我们在确定“蓝之海”自学导案的大方向后，再根据自己班的情况对“蓝之海”课前自学导案进行多次修改。而赖艳主任、陈鄂老师还提前进入到我的课堂中听课评课，我也提前进入到谭超锐老师的课堂中听课评课。谭超锐、陈鄂、王梦龙老师尝试不上单元感受课直接进入精学课，而派我上单元感受课，同课异构。年级组的这一次行政听课都得到周校长和陈校长的肯定。而我们通过这次研讨，对感受课也有了新的认识，也让我们对数学教学有了更多的思考。比如，感受课如何关注学困生和学优生，精学课如何突破重难点等。

第四周，我上了一节接待课并且开放给家长来听课。第五周，赖艳主任到兄弟学校进行了校外授课。两节课在集备组成员进入课堂听课评课后，给我们提出中肯的意见，我们再思考再修改，授课后获得了外校老师的一致好评。让我更感动的是，赖艳老师在兄弟学校上完课后，一堆孩子围着她说："赖老师，我们很喜欢您，您能留下来做我们的数学老师吗？"我想，这就是我们"以学定教单元整体教学"模式的魅力！

集备，顾名思义就是集思广益，将个人才智转化为集体优势，共同提高教学质量。我们年级组六个臭皮匠在每一次教研中都不保留地把自己的想法、资源在年级组分享。赖老师设计的"蓝之海"课程非常的专业，总是给我们几个年轻的教师提供很多的建议；王主席是一个很有经验的老师，总是给我们很多的提醒；陈鄂老师虽然还是半休产假的状态，但是也积极地参与到集备工作中来；我、王梦龙老师、谭超锐老师总是把自己设计的课后小练习、课件等上传到QQ群，供大家分享。

因为我们用心地投入到集备工作中，所以我们的教学工作扎实有效。一方面，在烦琐的教学工作中，遇到问题，能得到年级组教师的帮助，可以让我们化难为简，同时在相互促进中感受成长。例如，本学期的"华阳杯"，数学科组着重研究感受课，我们年级组从第三周开始就着手进行感受课的研究，先大家集备如何上好感受课，到我上一节感受课，大家评课，去糟粕留精华，再到赖主任校内校外的再上感受课，其他年级组老师听课后，再评课。我们年级组开始对三年级感受课如何上有了很好的思路，给即将要在"华阳杯"中授课的谭超锐老师一些参考。另一方面，学生们都在我们的课堂上得到了收获，家长也对我们的课堂称赞有加，让我们饱受鼓舞，充分感受幸福。

我觉得，集备工作就是年级组老师拧成一股绳，共同向着高效教研的方向前进，奔着高效有效的课堂前进。

显然，在华阳小学的逐日精神中，凝心聚力，精诚团结的团队意识、团队精神同样是不可忽略的重要内容。

4. 好学不倦，孜孜以求

“想给学生一杯水，自己就要准备一桶水。”这是为人师者的共识，更何况像华阳小学这样鼓励学生大量阅读、不断拓宽经验范围的学校。华阳小学的教师爱学习，爱阅读也是出了名的。每周的教师大会上，基本上学校都会安排教师做分享，或是分享阅读收获，或是分享外出学习的体会，或是分享管理、教学方面的经验，或是分享团队的智慧火花……每一位上台分享的教师，都是认真准备，侃侃而谈。而这些学习分享，不论是主讲的教师，还是聆听的教师，都受益匪浅。在这种以学为乐的氛围中，华阳人生怕自己落后，都孜孜矻矻，勤学不倦，全力提升自己。

以下是肖彩芳老师在全校做的读书分享：

初入华阳，初遇学与教

肖彩芳

2013年8月，我加入了华阳小学。说实话，华阳的生本教育，让许多人向往的同时，也让许多老师望而却步，一方面是因为对生本的不了解，另一方面是因为往往一所学校盛名的背后，意味着的是老师们必须付出更多，奉献更多，还意味着，需要改变太多。而改变，往往是艰难的。于是，我在淡定与焦灼的交战中，在改变与坚守的纠结中，不经意间已度过了四个多月。

生本华阳，给了我许多的喜悦与震撼。对于新来的教师，华阳人没有一丝的冷漠与排挤，他们的亲切与热情温暖如阳光。我想，华阳之所以成功，不光是因为“以生为本”，更是“以师为本”“以学校为本”，而这生本的理念与氛围，也让华阳人凝练成了独特的“生本气质”：华阳老师的自信、包容、坦诚、主动与高度的敬业，华阳学生的自主、活泼、阳光、大胆与个性的张扬。华阳的“七彩生本”，华阳的太阳娃，华阳人给予我的关心和温暖，让我觉得似乎在这个集体里，已经历历经年。

学校推荐老师阅读《学与教的心理学》一书，给了我许多的灵感与思考，化解了我许多的纠结与“交战”。犹记第一遍读得漫不经心囫囵吞枣的样子，犹记为了参赛撰写提纲的样子，然而看着看着，被动的心情，就不知不觉变为主动了，快餐式的速读速记，渐渐变成了带着问题，带着求知的期望去看了，有的章节，一看再看。这种感觉，有点儿像生活中经历的某些事和认识的某些人，你以为只是偶然的路过，却不知会是一生的怀念或相守。

对于《学与教的心理学》一书，我印象最深的是以下五个方面。

(1)教学目标

书中第九章对教学目标的设置与陈述做了详细的阐述。“目标是预期的学习效果”，目标一定要“导学、导教、导测评”，这是整个章节的核心。这固然是非常可取的，定好目标，可以使教师的教不流于空洞，不走偏，切实服务于学生的学，可以使教学更有效，更有的放矢。对于语文教学来说，毫无疑问，这和现在语文教学极力倡导的“语用——语言文字的运用”是吻合的，目标实实在在了，工具性凸显和落实了，只是，人文性的目标该如何成为可量化和测评的目标呢？虽然这两者不是隔离的，是有机融合的，只是，这个度，如何去把握呢？华阳的生本语文提倡的是“大阅读、大感悟、大拓展”，这又如何在目标上呈现出“可量化”“可测评”呢？我一度纠结于此，并且在实操中，这个问题还有待于更好地解决。但不管怎么样，这个目标观念已经深深根植在我脑海里了，现在我写目标，基本上已经不会再空洞地泛泛而谈。假以时日，华阳的“大语文”，一定可以找到合适的目标设置方式，《学与教的心理学》一书中，没有范例，但有归途。

(2)教学任务分析

教学任务分析是书中第十章介绍的内容，有哪些教学任务需要分析呢？分析教学目标，分析教学目标中的学习结果属于哪一类知识，分析学习条件，分析的终点是学生的起点能力，有了这样详细的分析，就能导出恰当的教学步骤和方法。看到这里，我马上想到了华阳的“以学定教”理念，书中引用了奥苏泊尔在《教育心理学——认知观点》一书扉页上的话：“假如让我把全部教育心理学仅仅归结为一条原理的话，那么我将一言以蔽之曰：影响学习的唯一最重要的因素，就是学习者已经知道了什么，要探明这一点并据此进行教学。”这一长段话其实就是在阐述“以学定教”。

“以（　）定教”，假如这是一道填空题，我想，将任务分析的内容填充进去，就是最完美的答案——以（学习目标、学习结果的类别、学习起点能力、学习条件）定教。如果这样，我们老师就一定会做到心中有数，学生就能每课都有所得，我们的教学，才能切实服务于学生的发展，而在这样的“以学定教”下，应试，就只是附带的能力而已了。但若再结合自己的教学实际加以完善，我想，对我们的教学一定大有裨益。

(3)小组讨论

在书的第十三章“课堂教学过程、方法与技术设计”中谈到了“小组讨论”学习法。书中指出，小组讨论的目标是培养学生的批判性思维能力，集思广益的技能和口头表达能力，又指出了小组讨论的局限性。

华阳小学的生本教育在一年级的时候就已经培养学生合作讨论的习惯了，事实证明这是非常有效果的，所以，也许我们该用一种虚心但是批判的心态去看待我们学习的内容，哪怕是面对经典与权威。该讨论吗？不该讨论吗？还是用“以学定教”这个词来解决吧，对待某一内容，学生的学情适合讨论就讨论，不适合讨论就不讨论吧！作为全国1400多万名教师中的一分子，我们虽然平凡，但一定唯一，哪怕不完美，也是唯一的。所以在改变中，一定要保留一点有价值的坚守，哪怕只是一点点，因为那独属于自己，属于自己的课堂与人生。

(4)关于特殊学生

书中第三章“学生的个性差异”中提到了“特殊儿童的心理与教育”。广义的特殊儿童是指一切偏离了常态且需要接受特殊教育措施才能满足其发展需要的儿童。我们教的都是将近50个学生的大班，每个班上都多多少少存在着特殊儿童，其中天才儿童相对稀缺，而能力缺失的特殊儿童中又以学习困难和注意力缺失的儿童居多，我们往往耗费了许多的精力和时间，但效果欠佳。书中给出的建议有以下几条：要在理解特殊儿童的基础上热爱特殊儿童，相信每个孩子都会进步，只是进步的大小不同而已；要从医学模式向社会生态学模式转变，这一点是强调了社会环境因素对学生的影响；要坚持因材施教，提供合适的教育；要坚持正常化，推行融合教育。

(5)学习动机

书中用了一个章节来谈“学习动机的激发”，从内部条件和外部条件谈了许多激发学生学习动机的策略。固然，教师作为学生学习动机的“外部条件”，我们的教学内容、目标、策略、评价、奖惩、课堂结构都对学生的学习动机有着重要的影响，但是我更多思考的是，今天的学生学习的内在动机是什么。当不用为物质发愁，当所有风雨都有人庇护与遮挡，当在“应试”与“素质”的夹缝间承受着双重压力，当每个学生都是自我世界的王子和公主，用什么，去构架他们深刻的内部动机？是兴趣的依托，是成功的体验，是理想的鞭策，是自尊的坚守，还是责任的承担？

这的确是一本经典的书，每读一次，对文中不同的方面都会有新的收获与思考，难以言尽。我想会让我们的教学，抛却一些不该有的桎梏枷锁，同时也承受该承受之重；会让我们抛却许多浮光掠影的喧嚣，坚守课程核心和本质的意义和内容；会让我们在淡定而执着的信念里，叩问耕耘，而不用纠结于收获……

回想当年的自己，为有一份工作，于是选择了教师。而今，十多年的岁月呼啸而过，对于教师这份职业，我们思索了多少呢？当年不知道为何而出发的我们，现在回头望望，能在一路脚印中看到清晰的答案吗？

我想，华阳的生本人，是记得的，因为他们曾为了一种理想和信念，敢为人先，执着了近20年。他们不曾因质疑而退缩，也不曾因成功而自得；他们曾在孤独中坚守，所以，也不会在喧嚣中失落；他们曾经历过蜕变的痛，所以，也不会墨守成规。改变该改变的，坚守该坚守的，拥有骄傲，也拥有谦卑，这，就是生本的华阳核心的气质和精神！而我，已是一位华阳人！

正是因为这种好学精神，华阳人拥有让知识常备常新的源头活水，让他们在与时俱进的教育理念下，自信而充实地完成着每一项任务，在逐日的路途上不知疲倦，意气风发！

5. 阳光办学，执着奉献

教师这一职业，是需要有情怀的，有教育的情怀，才能在寂寞中坚守，才能在年复一年日复一日中不知疲倦地奉献。生本理念下的华阳人是有情怀的，从选择生本的那一天起，他们就从未松懈，对待每一项任务都是兢兢业业、竭尽全力去完成。他们对学生倾注着满满的爱心，对工作倾注着满满的耐心，以爱心、耐心和精益求精的态度，默默奉献，并且乐在其中。

呵护孩子的心灵，让校园充满阳光，正是华阳小学历届行政班子沉淀的教育追求，坚守的优良传统。为了规范管理，学校大力推行“阳光工程”，做到学校的各项决策科学化、民主化、透明化、人性化，尤其是关系到学生的合法权益的事项，包括收费标准，代收代缴的收费项目以及招生政策、依据、指标，推荐生的推荐方案及公示结果，学生的录取结果及分班情况，各类先进学生评选条件、结果等均全面公开。关系到财务及招标等敏感、最容易发生不正之风问题的事项更坚持公开，包括学校收支两条线、财产物品采购、固定资产报废等。关系到教职工最为关心的热点问题坚持公开，包括各项专项资金的使用管理……

“教师们最关注的就是每个学年的评先评优，为了一碗水端平，我们都是在教代会上公开讨论，最大限度保证公平。”华阳小学工会主席王健说，凡是学校的重大决策，除了经行政会议通过，还要通过教师代表大会进行讨论，由50多名教师代表进行商议。学校还利用每周的行政例会，要求各条线的负责人，将本周工作进行通报，相互沟通，相互协调。重要工作统筹安排，重要议题集体参议、拟定方案，重大事件民主决策，集思广益。敏感问题，如财务、后勤、采购等工作，则由分管后勤的副校长、主任讲清上级主管部门的要求及规范操作程序，由行政班子、少先队、工会、财务人员一起，制订实施方案，杜绝暗箱操作，做到公正、公平、公开、透明，充分发扬民主，发挥集体领导的优势，积极营造团结、和谐，具有较强亲和力的工作氛围，树立据实干事、干净做事的学校良好形象。

事实也证明，公开透明的做法，不光使办学中许多棘手的问题得到了解决，也使学校的许多工作得到了家长们的理解，得到了社会各界的支持。心中有学生，行动为学生，这正是华阳小学依法治校，追求教育理想之道。华阳的教师们其实就是用行动告诉学生们，正如华阳“逐日”精神所彰显的那样，永远追求光明、希望才会实现自己的美好梦想。

筚路蓝缕，开拓进取；雷厉风行，务实肯干；凝心聚力，精诚团结；好学不倦，孜孜以求；阳光办学，执着奉献……精神原本是内在于人的，但内涵丰富的华阳精神却形之于外，看得见也摸得着，有着卓著的表现形态，向着太阳奔跑——这就是华阳精神，也就是华阳人的逐日精神。

生本华阳，逐日远行！逐日精神即华阳精神的代名词。如果说昨天的华阳以逐日精神为内核，在短短24年的时间成长为莘莘学子梦寐以求的成才摇篮，如果说今天的华阳以逐日精神为内核，用骄人的兴教办学业绩和傲人的教育教学成果，吸引着社会各界的目光，书写了一部教育的传奇篇章，那么，明天的华阳小学，就是那一艘满载着生本教育愿景的“华阳号”航船，它鼓起逐日精神的白色风帆，以昂扬进取的姿态，正驶向教育理想的彼岸！

体育节开幕式上的“探索号”航船

后记

HOUJI

追梦之旅：从生本华阳到华阳生本

周洁

教育是面向未来的事业，教育是追求理想的事业，这注定教育人要走的是一条向着太阳奔跑的追梦之旅。

1999年，生本华阳出现并逐渐崛起在广州市中小学校的行列中，面对教育这一伟大的事业，面对孩子一张张如花的面容，华阳人发出了或许细弱但却坚定的声音，迈出了或许轻浅但却执着的步履。

逐日精神是一种顽强的精神，逐日精神也是一种不懈的精神。17年来，华阳人一直在坚持，生本华阳迎来了发展历程中的一个又一个第一次：

第一次，学生作品入选生本教材，大家记住了她的名字——张君早。

第一次，中央电视台走进华阳，通过卫星直播特级教师何建芬的生本课堂，华阳教师的风采开始播向四面八方。

第一次，华阳学生在现场出色完成专家命题的中考作文，技惊四座。

第一次，政府大手笔投入华阳，天河东校区整体改造，林和东校区全面重建，校园面貌焕然一新，设施一应俱全。

第一次，接待美国、英国、俄罗斯等教育同行的考察团，华阳的名字一步步走向世界。

第一次，受广州市人民政府委托，与英国一所学校结成姊妹学校。

第一次，成为美国范德堡大学皮博迪教育学院的中美教育交流基地。

……

从最初只有一个生本教学实验班，到全校所有班级都实践"生本化"学习；从最初被人诟病和质疑，到渐渐被人肯定和学习，华阳的生本教育之路、华阳的追梦之旅越走越开阔，越走越昂扬，显著的成效引人关注，煜煜的光彩令人瞩目。如今的华阳，已经实现由生本华阳向华阳生本的精彩蜕变和华丽转身。

正确地理解生本，坚决地贯彻生本，不断地创新生本，华阳生本作为一个品牌，已然从全国几千所实施生本教育的学校中脱颖而出。2015年3月，华阳小学入围"走进广州好教育"系列丛书出版计划，成为广州一千多所中小学校中的二十所好学校之一。

在将华阳小学的历程、追求、故事和思考编撰成书的过程中，我们再一次发挥了生本华阳的逐日精神，发出了全体教师集结令，筚路蓝缕的尝试，雷厉风行的干劲，精诚合作的书写，孜孜以求的努力，不问分文的奉献……整个暑期，几乎全部课余时间，教师们一个字一个字，一页纸一页纸地推进，终于，华阳生本的品牌魅力形诸笔端，结成篇章。

以下是付出智慧和汗水的教师们，华阳理应记住这些名字(按照章节内容排序)：

吕丽庭、胡睿、宣文婷、黄瑞扬、叶振宇、曹定金、沈小玲、温锦玉、郭燕红、邹涛、高海燕、何建芬、吴宇晖、郑海洋、赖艳、赖莹、陈琳、黄月冰、李路羽、余志敏、赵姣姣、叶延萍、邱靖、冯硕、肖彩芳、魏春燕、梁小君、卢艳艳、刘莎、申珣、林燕璇、李峥姝、符英、吴嘉玲、傅明玉、李焕、刘莉莉、麦丽娟、黄理想、邓瑜、徐涛、李雯雯。

集思广益，群策群力，这也是华阳小学的一贯作风，我们在家长、孩子、文化新闻界的朋友及其他种种能够调动的社会资源中做了总动员，许多人为我们出谋划策，提供素材，撰写文稿，在此不能一一说出大家的名字，但华阳的每一点成绩、每一分荣耀都属于你们。

在讨论大纲、收集素材、挖掘亮点、梳理细节、书写成篇的过程中，我们收获了无数的惊喜和感动，我们惊喜于生本华阳带给我们的点滴成功和丰硕成果，我们感动于我们每一个人为华阳生本的铸成所做出的贡献，也在回顾和反思中发现了不少可以创新和拓展的地方。华阳生本，当我们在大地上、在广州教育史上刻写下这一个名字，这也意味着我们走上了一条追逐日华、追逐光荣和梦想的无尽长路。

感谢广州市教育局和天河区教育局对华阳小学工作的肯定、支持和帮助；感谢项目办漆国生教授和编委会吴颖民教授及其所带领的团队在本书编撰过程中付出的辛勤劳动；感谢广州大学教师培训学院王惠副教授、华南师范大学教育管理研究所吴宏超副教授等各位专家提供的专业指导；感谢全校师生长期以来的艰苦努力。本书出版也受到广州市教育局重大课题 2015zdkt003 资助，在此一并感谢！

感谢所有的孩子们！孩子是我们的未来，孩子是我们的理想，以生为本，是华阳永远的坚持，永远的品牌。

在此引用二(2)班曾子越小朋友的爸爸曾永裕为华阳小学“奔跑吧！太阳娃”第十五届体育节活动而作新诗以为结语：

我们的运动会

幼狮蹒跚迈开它的脚趾
此时它需要母狮的保护
但没人怀疑长大后的狮子
会拥有属于它的那一份英姿

鸿鹄抖动拍打它的软翅
此时它只是软弱的雏鸟
但没人怀疑长大后的鸿鹄
会怀抱属于它的那一份远志
小鹰扑打着它的新羽
俯冲而下英姿焕发
小马提起它的嫩蹄
飞驰大地扬起黄沙

亲爱的小孩
你迈起的步伐　像幼狮
你跑动的脚步　如雏鸟
但我相信
通过时间的磨炼
沉淀更多些努力
带着雄狮的傲骨
带着鸿鹄的志气
有一天
你一定能
继承家族的传统
发扬先辈的荣光
如雄鹰大鹏高飞
如骏马奔腾大地

不畏初寒的冷风
不畏跌倒的痛楚
跑道，绿草
集中，列队

奔跑，加油
跌倒，继续
这就是
我们的运动会
这就是
我们的华阳小学

附录

FULU

华阳校歌：向着太阳奔跑

作词：梅占峰
作曲：刘墨涵
演唱：梅占峰

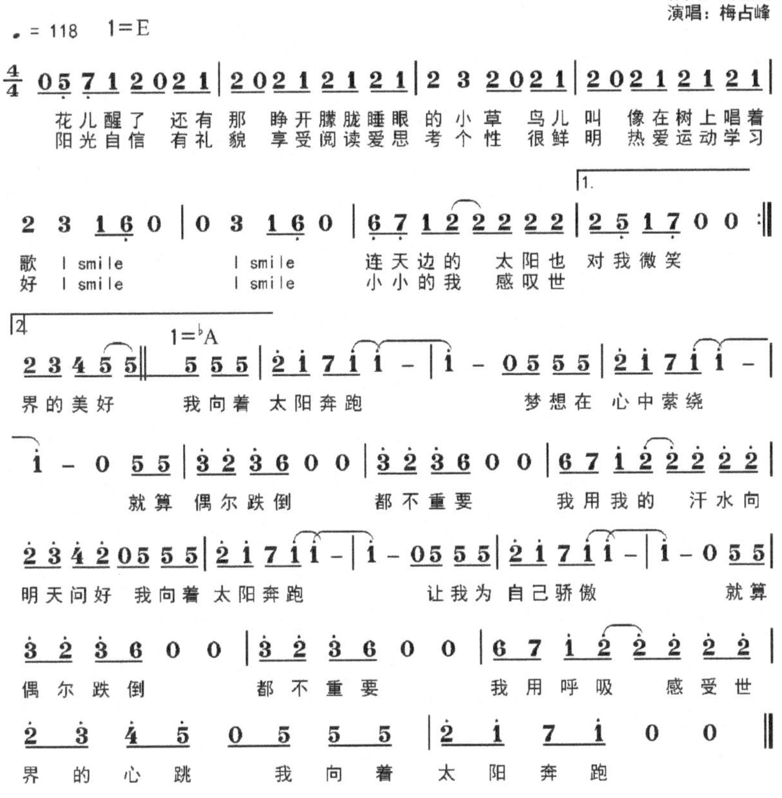